黄凤超/著

落在生命里的光

一位中学校长的行与思

华中科技大学出版社
http://press.hust.edu.cn
中国·武汉

图书在版编目(CIP)数据

落在生命里的光：一位中学校长的行与思 / 黄凤超著. -- 武汉：华中科技大学出版社，2025.5. -- ISBN 978-7-5772-1756-7

Ⅰ. G637.1

中国国家版本馆 CIP 数据核字第 2025XA5729 号

落在生命里的光：一位中学校长的行与思 　　　　　　黄凤超 　著

Luozai Shengming Li De Guang：Yiwei Zhongxue Xiaozhang de Xing Yu Si

策划编辑：曾　光　娄志敏　程宝仪

责任编辑：董文君

封面设计：高鹏博

责任监印：曾　婷

出版发行：华中科技大学出版社（中国·武汉）　　　电话：(027)81321913

　　　　　武汉市东湖新技术开发区华工科技园　　　邮编：430223

录　　排：华中科技大学出版社美编室

印　　刷：武汉科源印刷设计有限公司

开　　本：710mm×1000mm　1/16

印　　张：16

字　　数：214千字

版　　次：2025年5月第1版第1次印刷

定　　价：68.00元

序

　　大约在 6 年前,我认识了武汉市光谷第二初级中学(简称"光谷二初")的黄凤超校长。通过参加学校举办的"动教育"系列论坛活动,参与指导学校文化建设、教科研课题研究、课程与教学改革、教师专业发展等工作,我对黄校长和光谷二初有了比较深入的了解,也有一些切身体会和感受。近几年,从"二初之问"到"二初现象",学校有了跨越式发展,办学业绩和社会口碑显著提升。去年年底,黄校长将他多年来潜心思考、勤奋笔耕的文集发给我阅读和学习,并邀请我写个序,从一名教育研究者的视角谈谈对光谷二初快速发展的看法,我欣然接受。在我看来,光谷二初的办学实践和创新发展,有许多可圈可点的做法。其中,有三点值得总结和推广的经验。

一、以"教育为人生"为终极目标,努力办一所"让人心动"的学校

　　教育是关乎人性、关照人生的事业,好的教育一定是"使人成人"、助人过上幸福生活的教育。法国著名思想家埃德加·莫兰在《教育为人生:变革教育宣言》一书中指出:"教育危机的核心在于育人危机,育人危机的核心是失败的生活教育";"教育旨在让每个人都获得自主性,能够辨识进而避免偏颇和错误,实践对他者的理解,学会生活,学会如何面对人生的不确定性"。一入光谷二初正大门,拾级而上,走进中庭,映入眼帘的便是雕刻

在一块巨大的、颇有灵气的泰山石上的五个朱红大字——"教育为人生"！它庄重地表达着学校"以人为本、为人的终身发展和幸福生活奠基"的办学主张和终极目标。在泰山石的四周，环绕着一池潺潺流动的清泉，时而发出清脆、悦耳的流水声。这幅动静相宜、妙趣横生的场景和画面，令人怦然心动、浮想联翩。

近年来，黄凤超校长同团队成员一道，基于"教育为人生"和"办一所让人心动的学校"的教育理念，针对基础教育中生活教育、生命教育、实践教育的不足，率先提出并大力推进"动教育"的办学实践，构建了完整的"动教育"育人体系，包括"悦动课程、生动课堂、灵动学生、睿动教师、联动家校"五个方面。任何理念都需要实践检验，任何"心动"都需要行动证明。"动教育"有八条基本行动路径，包括"安全稳定就是教育质量，身心健康才是教育根基，优良质量作为立校之本，服务品质提升学校品位，环境优雅让人宾至如归，多彩活动重在立德树人，教师成长滋生发展动力，和谐关系体现简约团结"。近年来，光谷二初将提升"心动值"作为办学的一个核心目标和特色指标，持续探索"一条主线、五个维度、八条路径"的"一五八"育人体系和模式，让充满生命活力的"动教育"生根开花，硕果累累。

二、以"生命的律动"为育人方式，演绎"教育在活动中"的交响曲

教育促进青少年生命的律动，旨在让他们保持热情与活力，激活知识和智慧，照亮人生的旅途！"生命的律动"离不开丰富多彩、彰显个性的教育活动，正如顾明远先生所言："没有爱就没有教育，没有兴趣就没有学习，教书育人在细微处，学生成长在活动中。"光谷二初基于"生命·实践"的教育立场，注重把教育时空还给学生，让学生在广阔天地自由翱翔；把课堂还给学生，让课堂充满生命活力与张力；把生命发展的主动权还给学生，让他们在生命律动中自由、健康地成长。

构建悦动课程,营造生动课堂,培育灵动学生,办好心动学校,这是光谷二初人的教育信念与追求。2015年,光谷二初率先提出并积极探索"动课堂"教学模式,立足于"让课堂动起来,让学生思维活起来,让学生成为课堂主人"的教学主张,以"生命的律动"为育人方式,演绎"教育在活动中"的交响曲。2018年学校出版了《"动课堂"理论与实践》一书,获武汉市基础教育教学成果奖。今年2月9—10日,光谷二初举办了第六期教师讲堂——"动课堂"变奏曲,集中分享了教师们的教育智慧,展示了教师的专业成长。每一个切面、每一个故事、每一丝温暖,都让我们感受到生命的脉动、激情和回响。正如黄凤超校长所言:"'动课堂'是顺应儿童天性的课堂,是从教走向学的课堂,是教书育人和谐统一的课堂。"

三、以"师生的成长"为最高标准,成就"花开在眼前"的生命绽放

以人为中心,以促进人的可持续发展为本,这是教育的最高行动准则。学校教育的全部工作必须聚焦、落实到两个主体即教师和学生身上,如果脱离了这两个主体及其发展,教育工作就会偏离甚至失去它的价值和意义。基于这样的思考和信念,黄凤超校长主张,办好学校要抓住两点:一是要回归教育本质,发挥学校的育人功能;二是要促进教师发展,其核心是专业发展。

或许是为了传承"阳光教育"办学理念和实践,以及地处武汉高新技术开发区的"光谷",黄校长及其团队对"教育之光"有着独特的理解与思考。雨生百谷,光生万物。光是方向,是信仰,是希望,是力量。人生路上走走停停,总会有一缕光,落在我们的生命里,温暖着你我,给予我们向阳而生的力量。教师是行走的光,学生是光的影像。由此,"落在生命里的光"成为教师专业发展的"符号表达"。教师心有阳光,桃李芬芳。每一位教师在阳光灿烂的日子里,与同行一道修建好码头、维护好渡船,做学生健康成长

的驿站和摆渡人，不仅渡了学生，也渡了自己。

　　虽说教育是面向未来的，但学生今日的成长状态，却是通向明天的准备姿态。由此说，学生今天、现在的样子，决定他们明天、未来的样子。基于这样的思考和判断，黄凤超校长及其团队将"育人：花开在眼前"作为学校面向每一位学生、促进学生全面自由发展的一种"符号表达"。它渗透在学生成长的点点滴滴之中，洋溢在无数张学生的笑脸之上。星光不负赶路人，繁花成就耕耘者。由此观之，光谷二初是一个注重"育人"且十分"养人"的生命场，是一所让人越走近、越亲切，越了解、越喜爱的学校。

靖国平　于湖北大学

2025 年 2 月 26 日

目录 CONTENTS

第一篇　落在生命里的光

1　落在生命里的光 / 003

2　教育是唤醒的艺术 / 007

3　修建好自己的码头 / 013

4　有些事情不能等 / 016

5　经典的力量 / 019

6　"幸亏他在我班上" / 022

7　同事老张 / 026

8　"小杰哥哥"的眼泪 / 028

9　小林老师成长记 / 031

10　秋天更是一种开始 / 035

第二篇　花开在眼前

1　花开在眼前 / 041

2　歌声淌过三十年 / 045

3　面对未来之变 / 048

4　精神一变天地宽 / 051

5 这些事，校长要管 / 054

6 习惯的力量 / 057

7 从生活中寻找教育智慧 / 060

8 一生有你 / 065

9 一只哑铃 / 068

10 祝你一路顺风 / 071

11 音乐是最美的语言 / 073

12 让光谷一初成为我们喜欢的样子 / 076

第三篇 校园里的石头

1 校园里的银杏树 / 081

2 学习力决定发展力 / 084

3 擦亮每一个日子 / 087

4 提升中层干部的能力与素质 / 090

5 做一个有"钝感力"的校长 / 093

6 光阴的故事 / 099

7 又是枇杷橙黄时 / 103

8 花箱里的烟头 / 107

9 校园里的石头 / 110

10 找寻数学学习的方法与价值 / 113

11 "动课堂"的变奏曲 / 115

第四篇 教育为人生

1 教育为人生 / 121

2 青春是用来奋斗的 / 125

3 让课程充满生命的活力——薄弱课程校本化建设的思考与实践 / 129

4 教育需要"阳光" / 133

5 "自育"是教育的最高境界 / 139

6 红色诗篇的力量 / 143

7 体育是教育的基础 / 146

8 管理要"轻" / 149

9 书包之"重" / 152

10 抵制"舌尖上的浪费" / 156

11 让劳动成为真正的教育 / 159

第五篇 办一所让人心动的学校

1 教育,让人生的美好不断涌动 / 165

2 不一样的风景 / 169

3 共同营造优质发展新生态 / 174

4 学校管理中的有效沟通 / 181

5 教育是爱的碰撞 / 185

6 做好学校管理的"加法" / 193

7 寻找学校文化的基因 / 197

8 满身荆棘,编织生命的勋章 / 202

9 找准办学着力点 / 204

10 办一所让人心动的学校——"动教育"的思考和实践 / 210

后记

从容地行走在教育世界里——黄凤超 34 年教育生活的穿越 / 217

第一篇　落在生命里的光

人生路上，总会有一缕光，落在我们的生命里，温暖着你我，给予我们向阳而生的力量。

1 落在生命里的光

从高山到海洋，从远古到现在，世界因生命而充满生机，拥有美好和神奇。因为有光，才有生命；因为有光，才有多彩的世界。人生路上，总会有一缕光，落在我们的生命里，温暖着你我，给予我们向阳而生的力量。

教师是一个用生命影响生命的职业，润物无声，朴实无华。我小时候读书，只是想从农村走出来，看看外面的世界，并不知道自己将来想干什么、能干什么。教师是行走的光，学生是跟着光走的影。我走上教师岗位，不可避免地带上了自己老师的影子。

王吉文老师是我初中的班主任，和我同村，还是我的远房亲戚。他家里有几亩责任田，离学校不远，家里农活忙，学校的事也多，但任何时候王老师进教室都衣装整洁，看不到一点刚忙完农活的痕迹。王老师那时三十出头，教我们数学，平和、博学、善良。学生都是周边几个村的，友好、调皮，大家也互相熟识，有自己的玩伴，加上作业不多又不用干农活，所以每个学生都喜欢去上学，学校就是我们的整个世界，有着无穷无尽的新鲜事。

学校有片长势很好的菜地，一口管全湾人饮水的水井，村民都能自由出入学校挑水。我们学习抓得紧，每周就休息一天。晚自习绝对是校园里一道独特的风景，蔬果飘香时，在橘黄的灯光里，听着读书声、蛙鸣声，老师时而细心讲解，时而谆谆教诲，浑厚的声音在校园里回荡着。

那时学校经常停电，我们只能自带煤油灯，条件好一点的同学提一盏马灯——能防风且便于携带，令人羡慕。煤油是计划商品，只有供销社才卖，有点贵还难买到。不少学生为了省油，把灯光调得很暗，对眼睛非常不利。起初，王老师总提醒我们要注意保护视力，说"眼睛是心灵的窗户"，不能顾此失彼，并动手把一盏盏"省油的灯"调亮。再后来，他自己买来一大壶煤油，为我们加油。有了充足的油，教室的灯火更明亮，大家底气更足，暖意更浓。讲台上，老师放着一盏最耀眼的灯，方便讲课和板书，这也成了大家的精神高地，像一个小灯塔。一个晚上的自习下来，老师、学生鼻孔里都是黑油烟，但也其乐融融。大家学习争分夺秒，不以为苦，没有抱怨，那是一个难忘的年代、纯粹的年代。

雨生百谷，光生万物。光是方向，是信仰，是希望，是力量。对于一个孩子来说，童年得到的关爱就是长大后的光。童年被老师厚待的孩子，心中会储存很多爱和能量，生命底色是明亮温暖的，心中有爱，眼中有光。课堂生动、关系融洽、师生从容，这样的学校让人怀恋。

王老师的板书是一流的，非常严谨，很少涂改。"一支粉笔写天下"，他一般把黑板分成三大块，一节课下来知识点展示得清清楚楚，学生也好做笔记，方便记忆。板书是教师一项重要的基本功，现在年轻老师PPT（电子幻灯片）用多了，手写板书的美感和功力在下降。好的板书是会让学生舍不得擦掉的。

当时，考试试卷要先在蜡纸上刻好，再靠手工一张张油印，试卷左上角印着日期，如"19860921"，很有年代感，也很亲切。一张好的试卷就像一份好的作品，让人想认真完成，甚至想收藏。晚自习做的试卷，无论学生多晚完成，王老师都带回家里连夜批改，第二天早晨上课评讲时，总是人人有分数。批改好的试卷犹如一面面镜子，让人知道问题所在。对老师的评讲，我印象最深的是如何把握知识之间的联系，这令我受用一生。 有时候同样的试卷考第二次，每个人都不敢懈怠——不能第二遍还不会做吧。 王老师精心印制试卷、仔细批改、及时反馈、系统评讲，这让我们对数学课总是充满期待，也都养成了学习数学的兴趣和良好的习惯。 对很多学生来说，喜欢一门学科是从喜欢一个老师开始的，喜欢一个老师是从喜欢他的课开始的。

那时候学生所有的知识几乎都来自老师、课堂，王老师是有心人，会用身边的东西作为学习材料，来拓展我们的视野。 有一个同学曾把家里用过的日历拿到学校做草稿纸用。 旧日历上有一些生活知识，王老师便用一沓白纸与她交换，把旧日历上的知识做成小卡片，每天安排一个同学分享。 这非常有趣，也很有价值。 一次，语文老师陈老师请假两个月，我们很长时间没有上语文课，看见隔壁班上语文课很是羡慕，都趴在窗户旁边听。 王老师读懂了我们的渴望，代了语文课好长时间。 一节《观沧海》，让我们大开眼界，他讲历史典故，引人思考；他读经典原著，声情并茂，我至今都记得。 原来，数学老师也可以把语文课上得如此生动。 教育就是帮助学生看见更大的世界，王老师在我们心中的形象更加高大起来。

后来我考上师范学校，再回到母校教书，有幸与王老师做了同事。处理不好班级里的事时我总是请教他，坚持不下去的时候总要和他聊一聊。 人找不到方向的时候最迷茫，上班伊始，我看不见未来的路，想辞职。 王老师提醒我，任何职业，只要做到一定的高度都会有独特的价值和乐趣。 追寻教育理想，实现人生价值，要坚韧，要专注，心中要有一盏明亮的灯。 在这个时代，在班级里，每天都能看到一双双明亮的眼睛，这是多么幸运又多么值得珍惜的事。 王老师是我学生时代的老师，也是我教育路上的领路人，指引着我一路前行。

生命是一条流淌的河，王老师一辈子从容应对农民和教师的双重身份，找到既能面对现实，又能仰望理想的平衡状态，耕田种地、教书育人并行不悖，树谷、树人乐此不疲。挖一方美丽的池塘，引一汪清澈的湖水，然后静静等待。满地都是六便士，他也抬头看到了月亮。

三十多年过去了，王老师教的知识我大多已经忘记，但他做人做事的态度却一直铭刻在我心中。教育之道，乃人生之道，王老师已到了让人仰望的高度，如同一缕光，不炫目不炙热，却象征着温暖与光明……

2 教育是唤醒的艺术

光阴荏苒，我走上教育工作岗位，不觉已有三十多年光景。一路走来，我从一个青涩且激情四射的小伙子，逐渐成长为骨干教师，成长为一位真正的教育工作者。一路风景犹在，一路感动相随。

1

2002 年 9 月，二十八岁的我"临危受命"，肩负起了重振胡场一中的重任。经过全校师生六年的努力和积累，六年的默默耕耘，这所老牌的乡镇中学终于又重新焕发了青春，焕发了活力，各项工作都冲在了全市乡镇中学的前列。

2008 年 8 月，我调入胡场二中。工作环境变化，但教育激情不减。学校以争创全市品牌乡镇中学为目标，回归教育的本质，找寻教育的快乐，全面地培养学生，真心地成就教师，品质日渐提升，成为区域内有影响力的学校。

对学生，我倾注着真心的期待；对教师，我倾注着绵绵的关怀；对学校，我倾注着深深的祝愿；对教育，我倾注着浓浓的情怀。感谢我的父母和老师，让我走上了教书育人之路；感谢教育这份神圣的职业，让我生活得踏实、快乐，让我感受到了自己生命的价值，领略到了教育的真谛，领悟到了校长角色的内涵。

2

教育是唤醒的艺术。学校的主体是"人"，有校长、教师、学生等。大家的学习状态、工作状态、生命状态等形成了学校的氛围和文化。教育是唤醒的艺术，唤醒每个人内心深处的自尊、自信和激情，是每一位校长不懈的追求。人行了，学校就行了。

唤醒优秀的管理团队。校长的领导力不在于如何去管人，而在于如何去影响人。作为学校管理中枢的校务委员会（简称"校委会"）也应该是如此，因此激励校委会成员保持引领力非常重要。一要唤醒他们的危机意识，让他们心中常念学校安危、教师的进步、学生的发展。二要唤醒他们的工作热情，不断放权，让他们独立开展工作，慎用批评。事实证明，大多数人还是更在意别人的敬佩，不在意别人的贬低。多指导，常鼓励，让班子成员不断保持工作热情，不断感受成功。三要唤醒他们的创新意识。合理安排他们的工作，让他们有时间去学习，去阅读，去创新。

学校的阳光体育活动，教师四项全能大赛，办公室文化建设等，都有创新的痕迹。分解中心工作，重心下移，明确每个人的职责，否则，负担过重必然使工作流于浮浅。胡场二中管理团队风清气正，凝聚力强。几位年长者，处处为年轻成员做表率，代主课，解疑难；几位中层干部都兼任班主任，顾全大局，多线作战；一大批年轻人，争当业务精英，敢于创新。

一次，我到宜昌学习三天，恰逢教育局对学校工作进行年终检查评估，可最终学校的秩序和评价结果比以往都要好，我感慨良多。校委会良好的精神状态、工作状态为胡场二中实现新一轮发展构建了强有力的保障。行政干部"活"了，学校工作就"活"了。

唤醒教职工的职业幸福感。校长要把主要精力放在教师身上，在工作中确立"教师第一"的理念，真诚地认识教师、研究教师、培养教师、发展教师、关心教师。 要从经济待遇、人际关系、专业成长三个方面来关注教师的职业感受。

我们可以弘扬蜡烛精神、春蚕精神，但作为校长，我不愿自己的教师一味地去做蜡烛、做春蚕。 我们要认真学习汪金权老师的精神，但汪老师的经历太苦了。 教师在做好教育工作的同时，也要拥有自己的生活。 如果把教师的生命和生活弄得太过悲壮，谁还喜欢教育，谁还热爱学生？ 让自己学校的教师生活得好一些，是每一位校长的责任。 要多与教师交流谈心，解决一些突出的问题，营造平等、真诚、轻松的工作氛围。 对青年教师，多组织活动，多给机会，多留空间，让他们迅速成长。 我想，只要我们树立"教师第一"的管理思想，不断作为，教师们自然会逐渐提高职业幸福感，享受教书育人的快乐。

3

如何去做呢？

具体来讲，一是唤醒教师的自尊，如我们通过组织教师写自传，学校编印校本教材《我们这十年》，编汇每位教师十年来的荣誉，并在主要橱窗宣传优秀教师等活动，来唤醒教师的自尊。 我想，作为一名教师，除了应获得工资待遇上的尊严、社会地位上的尊严、更应该获得人格的尊严、专业提升的尊严和桃李满天下的魅力尊严。

我们学校组织开展教师业务考试，坚持了好多年。 晚上 6 点 20 分开考，我 6 点进考场，见时间还早，就坐在钢琴边随手弹起了《梁祝》。教师们陆续到齐，有人笑着说就这样，校长弹琴，我们做题。 我不忍心打扰老师们，还是停了下来，加入了研做中考题的队伍。 考场静悄悄的，只能偶尔听到几声翻卷的声音，让人享受这逃离凡俗、挣脱校务的恬静。 幸福的内容有很多：执着，阅读，理解，宽容，助人，宁静……让教师参加业务考试，绝无刁难之意，而且考试成绩汇总到我这里后不外流，充分尊重教师们的隐私。 这么做，无非是要唤醒教师的自尊，让他们远离浮华，感受专业成长的快乐。

二是唤醒教师的爱心。 我想，做校长、做教师的基本条件就是爱孩子。 爱每个孩子是神圣的情怀，有了这种情怀，才有完成教育使命的动力。"春风自谓专桃李，也有工夫到菜花"，要爱每一个学生，让教师微笑的阳光照耀到每一个学生的脸上，让学生能真切地感受到我们的爱。

三是唤醒教师的责任感。 教育是用生命影响生命的工作，是一个不完美的人带着一群不完美的人走向完美的过程，课堂、宿舍、食堂、会场都是我们的阵地。 唤醒教师的责任感，为自己努力，为生存努力，为家人努力，为学生努力，为民族振兴努力，让开拓进取、永怀希望慢慢成为学校的主流文化。 我深深地相信：一个幸福的教师才有可能培养出一群幸福的学生。 从某种意义上来讲，作为一名教师，在感受到职业幸福的同时，也就拥有了师德。

4

对每一个学生充满期待。 学生是我们工作面对的主体，是每个家庭的希望，是祖国的未来。 每个学生的家庭环境不同、学习基础不同、身体素质不同、接受能力不同，但他们求知上进的渴望相同。 学生对学校、教师充满期待，我们更应对每一个学生充满期待。 教师多一把尺子，就多一批好学生。

如何做呢？ 一要唤醒学生的感恩之情。 人非草木，孰能无情？ 感恩应是一个人的基本品质。 每年教师节、妇女节，学校都要组织活动，让学生在活动中感受，在《母亲》《烛光里的妈妈》的歌声中成长。 二要唤醒学生读书的热情。 读书不能改变人生的长度，但可以改变人生的宽度；读书不能改变人生的起点，但可以改变人生的终点。 三要唤醒学生的自信心。 大凡杰出人物，他们都有超强的自信，能变不可能为可能。学校要搭建多个学生展示的平台，让他们彰显个性，树立自信，走向成功。

5

校长是思考的职业。 校长之于学校，犹如灵魂之于躯体。 校长的言行、学识、格局都会对师生产生较大影响。 校长是思考的职业，因而更多的时候要唤醒自己。 做校长，要不断地问自己：教育的本质是什么？ 学校究竟是什么？ 校长是什么？

对于教育中出现的种种问题，我们说得很多、讨论很多，但很多时候却忘了教育的起点，变得随波逐流。 我们往往过多地关注学生的学业，淡化了教育的政治性、社会性功能，甚至忽略了学生的身心健康。

教育是什么？ 教育就是要培养学生良好的习惯，就是在学生和社会之间架起一座桥梁，就是让师生对生活和未来都充满希望。 校长的工作需要学习，需要经历，需要反思，需要感悟，需要担当。 校长应该有自己的教育哲学和价值追求。 基于此，我要求自己：

心中有座山。 一个人可以一辈子不爬山，但心中一定要有座山。抬起头，就能看到心中那座山。 在胡场一中，这座山就是带领师生让这所老牌中学重焕生机，有与胡场二中平等发展的机会；回到胡场二中，这座山便是如何超越自我，全面争优，打造仙桃市的品牌学校。 校长心中要永远装着学生的成长、教师的幸福、学校的发展。 我憧憬名校的教育品质，崇拜名校长的智慧，他们是看得见的山峰——这就是我心中的山，虽然路程还很遥远。

守住宁静的心田。 当上校长后，我的视野宽了，社会活动多了，但作为校长，我时刻提醒自己：守住宁静的心田。 要成为一位好校长，首先要做到宁静致远，心平如镜，不浮躁、不折腾。 如果有重新选择的机会，我依然愿意做一名睿智的教育工作者，做一个有见地、有作为的校长，为自己积福，为他人造福。 其次要做到坚守和坚持，"把一壶水烧开"。 在学校工作中，就是要把"培优补差"这壶水烧开，让更多的学生得到发展；把"教师培训"这壶水烧开，让更多的老师得到提升；把"阳光体育"这壶水烧开，让全校师生健康生活；把"外争政策、内练真功"这壶水烧开，让学校得到长足发展……

让读书和思考成为习惯。 对我而言，读书和思考既是一种休闲，也是一种追求、一种习惯，是学校工作创新的源泉。 打造学习型学校是我们的工作目标，须一步步向前踏实而行。 我们已经连续几年开展教师读书交流活动，每学期至少读一本经典；每次教师大会第一个议程就是请四位教师做读书分享，把舞台交给教师，把话语权还给教师，让教师影响教师，让教师引领教师。 把今天的事认真做好，把明天的事紧紧握在手中，把后天的事时时放在心里，让自己有更多的时间去读书和思考。

教育是最伟大的事业，我们把握；教师是最美好的称呼，我们拥有；学校是最和谐的家园，我们营造。 和身边的人一起幸福地实现自己的教育理想，是教育工作者们永不止步的追求。

3　修建好自己的码头

每个学校都犹如一座码头，不断有人上船，又不断有人上岸；学生是一艘艘航船，来码头加油，到港湾停泊；教师是一座座灯塔，为学生们导航、护航，为他们静静守候。

2019年6月26日，是一个值得铭记的日子，九峰中学正式更名为光谷第一初级中学。我们的心情是喜悦的，是感恩的，也是充满期待的——光谷一初成为我们共同的码头。与其找船寻渡，不如修建好自己的码头。码头建设虽千头万绪，但核心要义是文化、教师和课程。

学校发展靠文化。人管人，累死人；制度管人，烦死人；文化管人，管灵魂。这几天，《秦大侠其人》的故事一直在光谷一初的校园里传播。主人公秦斌，是我校信息中心主任，热心快肠，有求必应，同事们都称他"秦大侠"。班级电脑、设备出了问题找他求助，他比谁都快、都专业；老师家里的信息设备（如打印机等）有问题，他也上门帮忙。除了奔忙于各年级教学楼、驻守在学校报告厅，他还出现在"光谷教育20年20人""东湖高新区教师节表彰大会"等重要活动现场，大大小小会议的设备调试总少不了他帮忙。"秦大侠"，名不虚传！一个小小的绰号，表达了老师们对他的信任和认同。

我讲过保洁班长"同事老张"的故事，讲过"憨厚姐"校聘老师孔兰婷的故事，讲过"麻利姐"谢正荣老师的故事，讲过"兰花飘香"刘兰香老师的故事，还讲过"丹姐印象"李红丹老师的故事……人的精神是可以传递的，坚持讲好校园故事，记录身边的感动，发现、宣传教师的优良品质，就会涌现出更多的好教师。故事传递的是文化，文化的核心就是标准和价值。

质量提升在教师。教师的成长决定着学校的成长，校兴靠质量，质优在教师，教师培训怎么抓都不为过。我们组织青年教师每月研做中考题，修炼基本功，登高望远。我们搭建平台，举办"凤鸣杯"新课堂赛课活动，邀请市、区教研员亲临指导，不断提升教师教学能力。我们组织青年教师开展校外拓展活动，释放压力，培养团队精神。

"谷里教师讲堂"总是让人期待。著名特级教师余映潮、人教版中学语文教材主编曹文轩、《湖北教育》期刊常务副主编姜楚华、《教育名家》期刊总策划方腊全、全国优秀思政课教师吴又存等专家先后在此开讲。名家大师引领，老师们也精心准备，跃跃欲试，讲述教育故事，分享教育智慧，抒发教育情怀。老师们把好东西拿出来分享，就是最有效的培训。

"谷里教师读书会"由特级教师刘行知主持，各学科的近 30 名教师参加。读书会是老师们最放松、最惬意的时刻，他们分享读书故事，交流读书方法，畅谈读书心得，现场配乐诵读……读书是为了更加智慧地工作，读书是为了让生活更美好。在谷里，享受阅读，享受教育；在谷里，遇见更好的自己。教师们的 60 余篇原创文章已编印为《笔耕的力量》，行政干部创作、集体学习的 50 余篇文章已编印为《初心的力量》，它们均被收入学校"力量系列"丛书。它们展示的是教师的智慧，传递的是学校的文化，描绘的是一初之美。一所学校，理应有属于自己的文字。静心把教师培训这壶水烧开，教育质量提升就会水到渠成。

学生成长靠课程。我们始终认为，学校自主教育的核心抓手在习惯教育。课程是学校的核心竞争力，我们编印了校本课程教材《习惯的力量》，以班会课为主阵地实施课程，以"好习惯之星"评比、"年度之星"

表彰为课程的延伸、升华，逐步实施推广，绳锯木断、水滴石穿，让习惯教育的成果看得见。校园里，书声琅琅的课堂，主动问好的学生，干净整洁的走廊，整齐摆放的拖把，出操进餐有序的队列，就是光谷一初美好的样子。

我们编印了校本课程教材《经典的力量》，内容按校训组合，作为朝读课的教材。三年来，每天清晨昂扬激越的诵读声，展示出师生的朝气蓬勃，琅琅读书声已成为校园里最好听的声音。

2021年5月25日，"读千年美文，做少年君子"首届经典诵读展演在学校乐学厅隆重举行。各班代表队通过吟唱、舞蹈、歌曲等丰富多样的形式展示学习经典美文的成果，让校园处处洋溢着青春的气息，传递着经典的力量。

"青春不打烊，梦想正起航"光谷一初2021届毕业大会如期举行。本次大会最大的特点就是全部由学生策划、组织：从创意到文案，从节目安排到视频制作，从大屏背景到"美篇"的制作，全部由学生自主完成。这是光谷一初"自主教育"活动课程之花的又一次绽放，让人惊叹学生的能力和才情。多彩活动渗透着朴素的教育，学生成长彰显着课程的力量。

从九峰中学到光谷一初，不仅仅是校名的改变：校本课程丰富，学生全面发展，中考成绩突出，教师体现价值，家长朋友认可……我们要从小学校向大学校转型，要从片区中学向城区中学迈进，要从继承发展向创新示范前行。

光谷一初是一座不错的码头，我们有信心修建好自己的码头。身在码头，逐光前行。我相信：水深了，自然会有大船停泊，自然会船来船往！

4　有些事情不能等

2011 年 9 月初，我被调入了仙桃市第二中学，一所省级示范中学。回到母校工作，我既觉得亲切，又倍感压力。 这些年学校发展快、变化大，作为新任校长，我必须尽快地熟悉人、熟悉事，为打开工作局面寻找思路。

仙桃二中一校两区，规模较大，有 400 多名教师，把他们迅速认全都不容易。 9 月的开学工作，新、多、杂。 我每天下班都较晚，就到学校四处看一看、转一转。 碰到同事，我就点点头，报以微笑，打打招呼，教师们对我也很友好。 这是一所有底蕴和文化的学校。

我对一位女教师的印象比较深。 她看起来四十来岁，个子不高，瘦瘦的。 每次遇见，她的眼神都不一般，看起来很忧郁，又有些许期待，欲言又止。 不同于其他的教师，她的表情神态总是怯生生的，像新来的教师一样。

我一打听，她叫刘艳平，是学校的生物教师，已在仙桃二中工作 20 多年了，是市级学科带头人、省级优质课现场课一等奖获得者，很受学生欢迎，同事们也都很认可她。 但不久前，她爱人得了重病，她一直没有请假，坚持上班。 听闻这些，我一怔，回想她看我的眼神，我懂了。

作为一位新任校长，对学校职工家庭的重大变故不知情，没有及时关心，我很自责。 刘老师的眼神里流露出的有无奈、忧郁、期待，也有对我这个新来者的友好与宽容。第二天，我与工会主席商量，想去刘老师家看看。但她丈夫在黄陂山区的老家静养，我们不便前往，计划了两次都没成行。

有一天，我在教学楼巡堂，转到地理生物学科的办公室，听到她正在和两位同组的教师谈她爱人的病情，说正在为是否做手术而纠结。我的善意与问候，让她敞开心扉倾诉起来，说着说着泣不成声，不再顾忌，把我当成了学校的"家长"（尽管年轻了一些）。我静静地听，尽力宽慰着她，并当场要她请假回家陪伴和照顾爱人，并许诺学校会尽快去看望他们。

一个星期后的傍晚六点，我在办公室写东西，猛地想起刘艳平老师和她的爱人，想起来自己还没有兑现的承诺，便拨通了刘老师的电话。电话另一端传来的是刘老师的抽泣声，说她爱人快不行了。我执意要带几位同志连夜驱车前往黄陂，但刘老师坚持说夜晚山路不好走，不安全，不同意我们去。我一夜难眠，和锦心、昌盛、小鹏几位同志约好，第二天清早驱车前往黄陂。

次日我们准时出发，一边开车一边联系刘老师，却得到了她爱人已经离去的消息。按当地的风俗，第二天早上就要火化遗体。我们赶到当地的殡仪馆，见到了我的同事——已哭成泪人的刘艳平老师。她说："如果不是您昨天的电话，我肯定会料理完丈夫的后事再通知学校。冥冥之中，在我最绝望的时候，是您打了电话安慰我。谢谢！"我听了更加难受。

两个星期后，刘老师回到了学校，回到了学生的身边。她当初的眼神，每次想起，都让我感动、让我难忘、让我不安。她是一位我非常尊敬的同事——大难面前，努力自己承担，宽容别人，不忘学生。

我更加自责："为什么没有及早地去看望他们？为什么在她最艰难的时候没有多给一点支持？"

工作、生活，两者不能分割。工作很累，生活多元，但生命无常，有些事情不能等。对父母的孝敬不能等，对孩子的陪伴不能等，对同事的关心不能等，对学生的关爱不能等。学校工作千头万绪，有利于学校发展、看准了要做的事不能等。

5 经典的力量

　　人一辈子要读很多书。 很多时候我们并不能与作者谋面，但作者的智慧和思想精华一定会出现在他的作品里。 经典作品有其独特的魅力，闪耀着智慧的光芒和人性的力量。 大浪淘沙，经典作品会穿越时空，成为人类永恒的精神财富。

　　毛泽东诗词就是经典作品中的一面旗帜，我打从心底喜欢。 毛主席是伟大的政治家和思想家，是革命统帅和开国领袖，也是一位杰出的诗人。 我最早读到的毛泽东诗词是《七律·长征》，那是小学的课文——"红军不怕远征难，万水千山只等闲……"，读起来朗朗上口，特别"有劲"。 有一年春节，父亲买来一幅中堂画，挂在堂屋的正中央，画中间是猛虎上山图，画的上联是"世上无难事"，下联是"只要肯登攀"。 问父亲才知道，上下联是毛主席《水调歌头·重上井冈山》里的词句。 后来上了初中，我又读到了《浣溪沙·和柳亚子先生》《沁园春·雪》，并开始读更多的毛泽东诗词，也喜欢上了毛泽东诗词。 在这么多年的工作、生活中，毛泽东诗词一直鼓励着我。 我或抄写、或品读、或大声诵读，这些诗词总能给我激情，伴我思考，给我力量。

　　毛主席具有深厚的古典文学素养，尤其是对古典诗词有着强烈的热爱。 他喜欢屈原，能够熟练地背诵《离骚》，还曾把《离骚》翻印出来，发给党的中央委员们阅读。 他对曹操的《短歌行》《观沧海》十分激赏，有着与众不同的理解。 对于唐代诗人，他最为之倾倒的是"三李"：李白、李贺、李商隐。对宋词的评析和欣赏，毛主席这样说："词有婉约、豪放两派，各有兴会，应当兼读。"说到他自己的词风，他自称是"偏于豪放，不废婉约"。他对经典作品爱不释手，一部《资治通鉴》更是用50多年的时间通读了17遍，做满眉批。

"与天奋斗，其乐无穷！与地奋斗，其乐无穷！与人奋斗，其乐无穷！"毛泽东主席正是以这种奋斗精神来阅读古典诗词，其所取于古典诗词的便是那生机勃勃、奋力搏击、自强不息、行健有为的思想情感和生命力量。

毛泽东诗词有许多已经成为经典，广为流传。不少诗句更是耳熟能详，如《沁园春·长沙》的"恰同学少年，风华正茂；书生意气，挥斥方遒"；《清平乐·会昌》的"踏遍青山人未老，风景这边独好"；《忆秦娥·娄山关》里的"雄关漫道真如铁，而今迈步从头越"；《七律·人民解放军占领南京》的"天若有情天亦老，人间正道是沧桑"；《满江红·和郭沫若同志》的"一万年太久，只争朝夕"……

1929年10月，毛泽东带病坐着担架赶到刚解放不久的上杭。一路上秋高气爽，山峦锦绣，黄菊遍野，溪流潺潺。他住在上杭城南汀江岸边的临江楼上。第二天就是九月九日重阳节，人们常在这里登高、赏菊。

重阳节，正在养病的毛泽东凭栏远眺，但见天高云淡，秋雁南飞，远山逶迤，汀江远去。触景生情，忍不住回首往事：秋收暴动，中央责怪他没有坚持攻打长沙，撤了他的政治局候补委员之职，一度不能过组织生活。离开井冈山后，他在红四军的第七次代表大会上又落选，失去前委书记职位。

往事历历，前途未定，毛泽东挥毫写下了《采桑子·重阳》："人生易老天难老，岁岁重阳。今又重阳，战地黄花分外香。一年一度秋风劲，不似春光。胜似春光，寥廓江天万里霜。"此后，毛泽东的政治生涯迎来了新的篇章，党的事业也迎来了新的发展。

这首词所展现的其实是中国共产党的革命事业和中国人民抗争的缩影。虽然是再熟悉不过的词句，我今天再读，依然会被它深深吸引，欲罢不能，以至于潸然泪下，深感伟人创业的艰难和中华人民共和国建立的不易。

毛主席对武汉有着非常深的感情，多次来武汉视察工作。1965年，他视察湖南后，又到武昌，利用休息时间多次在长江游泳。五六月的长江江面，经常刮起三到五级的风，江水以约每秒2米的速度日夜不停地向东流去。毛主席以六十多岁的年龄，花了两个小时横渡风大浪急的长江，写下了脍炙人口的《水调歌头·游泳》："才饮长沙水，又食武昌鱼。万里长江横渡，极目楚天舒。不管风吹浪打，胜似闲庭信步，今日得宽余……"这首词意境深远而平实，又极其雄浑豪放，是画中的诗、诗中的画。毛主席每一首诗词的背后，都有着一段非凡的历史和跌宕起伏的斗争故事。

经典作品是简洁、充满哲理、历久弥新的。经典的力量在于抚平我们内心的浮躁，找准生命的位置；激励我们在自我完善、不断提升的道路上永不停歇；指引着我们追求应该拥有的品性。五千年的中华文明给我们留下许多经典作品，认真地读经典、系统地读经典，会带给我们人生的智慧，提高我们工作和生活的本领。

我们把《沁园春·长沙》《沁园春·雪》《卜算了·咏梅》《水调歌头·重上井冈山》等作品作为光谷二初开学典礼的师生集体诵读篇目，是为了彰显阅读经典在学校教育中的重要地位，把经典诵读作为光谷二初一门重要的课程来设计和开展。

教育为人生。经典中有不少对人生和世界的思考，系统地阅读经典能帮助师生学到生活和人生的智慧。我期待我们的教师在阅读经典后更好地传道授业、启人心智，希望我们的学生在阅读经典中开阔视野、积蓄力量，希望我们的学校书声琅琅，回归本真，传承经典，追寻教育的远方。

6 "幸亏他在我班上"

初识刘玉玲老师，是因为她独特的气质，在人群里一看便知。她是外省人，在武汉读完大学，留在了江城。从原来的长山学校到现在的光谷二初，她在此工作了 30 余年，见证了学校的发展与变化。

2022 年 9 月，刘老师接手新一届初一，因为特殊情况，一开学就要上网课，没有与学生面对面沟通过，要进行班级建设和管理非常艰难。但她并未退却，反而打起十二分精神开展班级工作，并特别关注那些表现不够优秀的学生，小明就是其中一个。恢复正常上课后，刘老师发现小明的桌子周围经常丢满了垃圾，而且他注意力难以集中，无法端端正正坐在桌旁，似乎总有心事。

刘老师便教他整理课桌。有一次，刘老师碰到他的物品时，他表现出了超乎寻常的愤怒。与家长交流后才知道，这孩子两岁时因吃了口香糖接受了胃部手术，不久父母离异，父亲不让孩子和母亲有任何联系，把母亲的物品以及孩子从母亲那儿得到的礼物都扔了，所以孩子看见别人碰他的物品就会勾起他对父亲这一举动的愤怒，并发泄到他人身上——不走进学生的生活，还真不知道他反常表现背后的原因。

得益于刘老师和小明家人的耐心沟通，小明终于和母亲进行了十年来的第一次对话，并约定之后每周电话聊天一次。这对一个常年不在母亲身边的孩子来说，是多么难得和宝贵。对长时间得不到母爱的小明来说，这是一个多么漫长的十年。 小明父亲脾气大，在家经常是暴力管教，这导致小明也有较强的攻击性，遇事焦躁、易怒。

几次的接触和教育之后，小明和刘老师开始亲近起来。 慢慢地，小明开始和老师们打招呼、给花浇水、和同学们打球，渐渐融入学校生活。 看见小明慢慢变得没有了攻击性，刘老师淡淡地说："幸亏他在我班上。 这一切都是最好的安排。"

刘老师自学心理学已经好几年了，每个长假都会阅读好几本心理学书籍。 她并不是出于功利目的而学习，只是为了更了解学生的心理、家长的心理，找出学生问题背后的原因，再运用所学影响家长、教育学生，改善学生的习惯，深入每一个学生的家庭，力所能及地帮助每一个学生。 学生方越的家长说："遇见玲姐这样的老师的孩子真是幸运。"同事们经常感慨："二初的办学理念是'教育为人生'，玲姐就是学校办学理念的代言人和坚定的践行者。"

为提高学生成绩，提升管理水平，班主任常常要思考一些问题。 比如如何提高学生的专注力及学习的兴趣，如何让他们多一点理性，等等。 刘老师就常常会参考心理学书籍。 她在随笔中写道："今天遇见林文采所著《心理营养》，很赞同孩子的心灵养育应该从这五个方面去关注：无条件接纳、生命至重、安全感、肯定赞美认同、模范。 书中案例翔实，理论分析到位，读完有豁然开朗之感。"

李娜老师与刘老师年龄相仿，平时交流颇多，她说："遇见玲姐，我很幸运，她鼓励我不要坐等退休，用流行的话来说就是'五十岁，正是教师的当打之年'。 我今年读了《百岁人生》这本书，书中讲'在多段式人生里，要给自己的生命留出空白，要重视自己无形资产的积累和打理'。 我明白了，'活到老学到老'才是人生真理，我进步的空间还是很大的。 百年育人，你我都应躬身入局。"和身边的人互相鼓励，成为校园里的常青树，做一个朴素的教育者，是刘老师一直以来的追求。

刘梦甜老师近来脸色发白，身体不好，玲姐就到处托人买来纯正土鸡，炖汤了给她补养。在工作上指导、在生活上关怀，这种近乎亲情的同事情，是校园里的一束光，滋养着你我，也会一直传递下去。

以前，我们的教育学并没有研究独生子女应如何教育，在现在家庭少子化的背景下，家校沟通已然具有十分的重要性。刘老师总能团结一群家长朋友在身边，因此，班级的活动、学校的工作，经常看到家长相助的身影，他们把学校当成了第二个家。刘老师和家长谈孩子的学习，打一个电话就是 30 分钟起，是常有的事；每次面谈，家长都会有收获，满意而归。交流多了，信任感就建立了，一名家长就是一个帮手，一名家长就是一位老师。良好的家校关系建立了，孩子成长中的问题及时处理了，就能少走弯路、不走弯路。

作为一位有 30 多年工龄的老师，刘老师上每节课都要先花几个小时备课，做课件、找资料——她总愿意把工作做在课前。授课时，针对不同的学生、学情，将知识点在课堂上当堂落实；生活中，用言谈举止教授学生生活习惯和做人的道理。刘老师把班级建设融入学校的发展愿景中，班上每一个学生都在原有的基础上得到了提升，这是他们最开心的收获。在学校公众号的推文下面，常有毕业的学生给刘老师留言。学生毕业了，但师生的情谊仍在延续，对二初的牵挂仍在延续。

夏日已至，天气开始热起来。一个周五的晚上，校园安静下来，只有北楼的一个教室还亮着灯。我走过去一看，原来是刘老师在忙碌。她在空荡荡的教室里整理课桌椅，完全没有注意到我，我也没有打扰她。第二天下午，我到学校写材料，进大门时看到有陌生人进出，有点纳闷，走到超越广场，才发现是刘老师在开家长会。把家长会放到周末开，是为了方便家长，大多数家长平时忙，来学校一趟不容易，周末有时间，可以多聊聊孩子的情况。把一件事做好，牺牲点自己的休息时间没有问题，要多为家长着想，保证沟通有效果——这是刘老师的工作哲学。

我们的老师要到光谷四小去做招生宣传，该怎样让四小的师生接受、信任我们呢？ 刘老师建议：讲与他们相关的话题，讲正在和将要发生的与他们相关的事情。 这个建议让人豁然开朗。 果然，招生团队的宣讲效果很明显，让广大关心二初发展的人看到了一所真实、生机勃勃的学校。 教师是需要思考的职业，不做局外人，刘老师总是在思考、寻找问题的答案。 刘老师一直把自己当作学校的主人，也一直在做学校发展真正的主人。

学生陈思扬告诉我，刘老师总是让他们多去操场上运动，不要总待在教室里；对待他们的学习，刘老师更是尽职尽责，即使是周末也会坚持每天检查他们的作业，录音频讲解。 在教书的同时，她也做到了育人。 从七年级入学起，刘老师就教育学生：成绩不理想没关系，可以慢慢来，但一定要诚实。 比如倘若当天作业很难，班上有同学没做完，刘老师并不会责怪他；但如果有同学抄作业，她便会给予严厉的批评。 三年来，班上同学都取得了不同程度的进步，而且，刘老师的言谈举止、做事风格也深深地影响着学生们。 学生们就好像是她自己的孩子一般，被她呵护着慢慢长大……刘老师是一位认真负责且教育理念先进的老师。

一句"幸亏他在我班上"让人坦然、放心，这是一种担当，更是刘老师对学生绵绵的爱。 万物皆有光亮，若你是有光的人，自然会发现身边人的美，寻得他们的光，与他们心心相印，惺惺相惜。 刘老师就是一个有光的人，她成为别人的温暖和指引，愉快地在人间奔跑……

7　同事老张

与老张分别已经几年了，我仍时常想起她。

2018 年的夏天，我离开了工作了 20 多年的故乡，来到武汉，在光谷九峰中学（现已更名为武汉市光谷第一初级中学）开始了新的人生征程。 九峰中学的校园，总是那么干净又安静。 学校的银杏广场、峰脊文化长廊总是一尘不染，会议室、报告厅、多功能教室整洁干净，樱花大道、竹林、枇杷园，也很少看到落叶堆积。 校园内诸木吐绿、鸟语花香，颇有几分恬静素雅之美。 这里实在是一个读书的好地方。

学校离东湖新技术开发区管理委员会（简称"管委会"）较近，管委会对学校建设和发展非常重视。 在光谷腹地，学校面积能有近百亩，很是难得。 校园环境赏心悦目，师生行为习惯好，保洁工作也做得不错，很少让我操心。

学校保洁班的班长姓张，我和大家一起喊她"老张"。 我也不知道她的名字，只知道她住在学校附近，是一名老共产党员。 小围巾、皮鞋、小背包、精心打理过的头发……如果在街上看到她，很难想象她是做保洁工作的。 每天清晨，她都衣着端庄地走进校园，换上工作服后，和保洁班的阿姨们一起开始一天的工作。

保洁班的工作虽然看起来平凡，但影响重大。 她们总是十分认真负责。 我多次看到老张带领大家冒雨清扫落叶，多次看到老张冬天穿着单衣汗流浃背地做卫生，也多次看到老张一进校门就开始随手捡起地面垃圾……她说，因为她有一次亲眼看见校长捡垃圾，受此影响，就一直这么做，养成习惯了。她认为这是校长对保洁工作的尊重。我偶尔也和老张聊聊天，工作上的事也经常和她商量，安排她双休日加班也是常有的事。

她告诉我，她在九峰中学做保洁工作是为了让自己的生活更充实一些。她说上班期间自己主动不带手机，同时也带动其他保洁阿姨不带手机。我问她为什么，她说怕做卫生时手机响了，影响学生上课。老师做到的，保洁阿姨也要做到。老张的孩子都是从九峰中学毕业的，她对这里的师生很有感情，她也在用老师的标准要求自己，总是习惯性地做一些力所能及的事，真心地希望学校越办越好。

听了之后，我心里一震，对她肃然起敬：她超越了我对一名保洁员的既有认知。她身上有很多值得我们学习的东西，她本身就是校园里的教育元素，她在默默地创造着校园的风景，同时也让自己成为校园里美丽的风景。她做事的原则、做人的信念，启发我更深入地思考教育的价值。

学校是一个要让教育随时发生的地方，每一个人都可以有自己的作为。更多的人不丢垃圾了，更多的人主动去捡垃圾了，学校就会越来越干净；更多的人开始阅读和写作，学校就会越来越充满书卷气；更多的教师喜欢钻研教学业务了，学校就会越来越有生机和活力、实力和内涵。教育是一个不断求真向上的过程，我们要让"越来越自律""越来越上进""越来越美好"的精神影响校园里更多的人，并成为学校发展的主旋律。其实，"教书育人"正是体现在校园的这些活动和细节中。教育的过程是细致而美好的，只要愿意，只要行动，每一个人都可以成为学校里美丽的风景。

后来，老张由于家庭需要，悄悄地离开了她付出了很多心血的校园。我很不舍，在我心中，她绝不只是学校曾经的保洁班长。

8 "小杰哥哥"的眼泪

清晨，窗外风雨大作，我跟往常一样匆匆往学校赶。天还未亮，长虹路上就已车流如织，一路的学生、一路的家长，比往日更堵。

学校大门在电子屏红色背景的映衬下尤显温馨和亮堂。保安们打着伞，列队迎接学生、指挥交通；值班领导挂着牌，在雨中巡视校园。今天的上学秩序比我想象的还要好。学生们冒着雨来了，老师们迎着雨来了。体育老师代小杰也早早地来到了学校，他有一份足球联赛的秩序册要准备。

小杰是足球专业毕业的，毕业后一直在仙桃二中工作。他年轻帅气，有着体育老师的豪爽，又不时透出一份腼腆。在县城中学，毕业于足球专业的体育教师不多，恰逢仙桃二中入选首批全国青少年足球特色学校，我自然对他关注更多一些。同事们喊他全名的时候不多，都亲切地称他为"小杰哥哥"。大家喜欢这么喊，大概是因为他为人仗义、充满热情，又喜欢骑着一辆单车走南闯北，见识比较广。小杰哥哥工作不分年级、不讲任务，不计个人得失，篮球场、足球场、运动会、跑操课，都能看到他忙碌的身影。

学校创新工作思路，为了加强足球特色工作，专门组建了一个足球班，由小杰兼任班主任。学校足球队自然由他任主教练，仙桃二中的校园足球由此声名远播。每年仙桃市的初中足球联赛，二中都是冠军。学校的足球课程、足球文化在仙桃小有名气，小杰哥哥在仙桃足球圈也是无人不知。 每次带队外出比赛，他既是教练，又是生活老师，还是家长，带领着一帮"爱将"在球场上挥洒汗水。

在潜江举行的一场足球比赛让人印象深刻。 如果学校足球队能拿到小组第一，就能直接成为全省第六，刷新参加全省比赛的最好成绩。 最后一场比赛，在对手先进一球的形势下，二中足球队连进两球逆转获胜。 哨音刚落，小杰哥哥双手抚面，泪如雨下，用一种特殊的方式来祝贺他的球员。 这感人的一幕被组委会拍下，并把照片发给了我。

这个画面好长时间一直出现在我的脑海里，这是喜悦的泪水，是艰辛的泪水，是坚持的泪水，也是收获的泪水。 我在想：是什么能让一个三十多岁的男人此刻如此放纵，泪流满面？ 又是什么让这个画面深深地触动着我？

又一年的元旦前夕，期末临近，我独自坐在办公室，想起了这个画面。 我想，今年期末最后一次的教师大会就用"感动仙桃二中十大年度教师表彰大会"来收官！ 于是我迅速找来工会主席彭平共同商量。 虽然筹备时间紧，但他有信心办好。 出工作方案，层层推荐，民主评选，十大年度教师出炉，小杰哥哥众望所归，光荣当选。

表彰大会当晚，学校领导们早早来到会场，能容纳 400 人的报告厅座无虚席，大家共同期待精彩的表彰环节。 主持人胡丽萍老师身着盛装，请出每一位得奖者，穿针引线，现场采访，带领现场的每一个人聆听年度人物背后感人至深的故事。 会场暖意浓浓，笑声一片，泪水一片。为了表达对十大年度教师的尊重，向他们致敬，学校领导班子在大冬天自觉着正装为同志们颁奖。

老师们给小杰哥哥的颁奖词是："选择了体育，就是选择了生命的长跑；选择了教育，就注定了青春的燃烧。 白云故里，绿茵场上，你用汗水召唤出一条条白龙，你用泪水见证一份份荣耀。 二中足球节节高，潜江夺冠展英豪。 因为有你，队员感动，二中感动，只有对手

'不敢动'。 二中精神,因你灿烂!"小杰哥哥那一刻的泪眼,让多少人动容!

小杰哥哥作为一位体育老师,能被评为学校年度人物,源于他自己的努力和业绩,源于他对事业的热爱和执着,更重要的是他诠释了"爱二中,做主人,讲奉献,争第一"的学校精神。 小杰哥哥的眼泪讲述着仙桃二中人打造品牌、实现自我价值的故事。

小杰哥哥是一位普通的体育老师,也是老师们眼中的英雄。 正是一个又一个"小杰哥哥"的早出晚归,心系学生,发挥特长,追求卓越,才有了二中学子的幸福成长,才使仙桃二中成为省级示范中学,成为家长心中"清华、北大的摇篮"。

学校的发展需要英雄。 我们呼唤英雄,才会产生英雄;我们争做英雄,才能英雄辈出。

9　小林老师成长记

　　年轻的林友老师毕业于东北师范大学，走上讲台不过三四年的时间。 她看上去很文静，甚至有点腼腆。 她在学校公众号"立达经典"上发布的一些文章让人印象深刻，在教师大会上分享的教育故事，总是能带给人启发。 记忆中，她也曾被调皮的学生弄哭过。

　　学校教学楼上的办公室，晚上总有几盏灯亮着，几位老师习惯学习、工作到很晚。 教工宿舍就在校园内，但小林老师和几位同事喜欢在办公室办公，专注地读书、备课、改作业，以至于我经过办公室时都不忍心打扰他们。 偌大的校园，安静极了，能听得见虫鸣的声音，教学楼上的几盏灯在寒夜中特别耀眼、特别温暖。 学校也因为有这群积极向上的年轻人而充满活力。

　　在一年一度的"一师一优课"评比中，林友老师的《天净沙·秋思》荣获部级优课，这一喜报传来，大家都为她而高兴。 这是一项分量十足的荣誉，是林友老师努力的结果，是语文教研组悉心指导的成绩，台前幕后皆是风景，更是学校的荣光。 真心帮助年轻同志成长，是光谷一初的传统。

　　在我的印象里，优质课能获得部级奖的，大多是经过多年历练、年富力强的骨干教师。 小林老师作为一个踏上讲台才三年多的年轻人，能荣获部级大奖，课程成为大家学习和观摩的课例，实属不易。 刘兰香老师在一初群里赞扬她是"了不起的年轻人"，赞许之情溢于言表，说出了大家的心声。

教师的自信是在实践中逐渐积累和形成的。 记得在曹文轩教授来讲学的大会上，小林老师和大师面对面，主持毫不怯场，从容得体，点燃了师生与大师互动的热情。

她创新开办"一初之声"广播站，培养小主持人，提升学生的核心素养，打造了良好的文化氛围，更引导学生合作学习、自主创作……在她文静的外表下，蕴藏着一股向上的力量。 学校把年轻人放在合适的岗位、大胆地任用，就是最好的培养。

小林老师也遇到过一些难以处理的事：小付同学又不做眼保健操，拿着一本小说在看，值日生检查发现了，扣了班级分。 她一时怒火中烧，自然语气不善，边说"付××，赶紧做操！"，边去夺他的书，没想到学生还不让她拿，这让她更加生气，质问道："你什么意思？"小付同学指着旁边的同学说："他们呢？ 他，还有他，都没做操，你怎么不管？"这时师生之间已是剑拔弩张。 最终，小付同学没做眼保健操，小林老师也没有找到合适的处理方法。

这件事让小林老师困扰了许久。 学生一旦不理解老师，教育就会举步维艰。 若学生对老师的管教不服气，那老师越是批评他，越是企图让他认识到自己的错误，就越会感觉到学生难教。

冷静下来后，小林老师想：小付同学之所以这么抵触我对他的管教，主要还是因为他对我心存芥蒂。 在这个前提下，我不管跟他讲什么道理都没有用。

先从改变师生关系开始吧。 小林老师思索了很久，打好腹稿后，把小付同学叫到了会议室——这是一个相对安静的地方，适合谈心。"一直以来，我们班的纪律一直都是老师的一块心病，每次老师在讲台上喊'安静'，总是半天都静不下来。 你想一想，如果让你来管理班级的纪律，你在讲台上声嘶力竭说半天，好不容易班上安静了，这个时候又有人大声喧哗，还说脏话，如果这么嚣张的违纪你都不管的话，谁还会遵守纪律呢？"说完，林老师看着小付同学，他没说话，看了老师一眼又低下头去。

"你说自己是老师'杀鸡儆猴'的那只无辜的鸡，但是有没有意识到，你就是那只叫声最大的鸡呢？ 你问我别人也没有做眼保健操，为什么要先管你不管别人，但你有没有想过，这是因为我更希望你能够带动别人。"

"每次，老师让你去做什么事情，你总是很爽快就做了，所以我一直相信你是会帮我的。 你遵守纪律了，其实就是帮老师带动其他的人遵守纪律。 我觉得你是讲道理的人，我跟你说比跟其他的人说有用。"到此，小付同学终于点了点头。

不像以前小林老师和他谈话那样拒绝目光接触，站姿随意，手插进裤兜里，这时的小付同学认真了不少。 小林老师接着和他谈了对他的期望以及对遵守纪律的要求。 这其实是老生常谈了，然而这次的说话方式已经不同了：不是说教，而是谈心；不是指责，而是交流。

一次谈话不会让一个学生就此改头换面，但是这小小的进步依然让人欣喜：只有拨开这层师生对立的云雾，阳光才有照进的可能。 老师的教育并非只有高高在上的说教这一种方式，拉近与学生的距离，说说自己的困扰和处境，让学生来理解你，体谅你的处境，也不失为一种教育策略。 跟学生说说心里话，不仅可以消弭学生的抵触心理，更重要的是，可以让学生感受到老师对他的看重、关心，甚至是信赖，从而和老师建立一种信任关系。 对老师而言，这也缓解了部分的压力，而这一部分的压力正好可以让学生意识到自己身上的责任，从而真诚地作出改变。

一次，学校请了课题组的专家来讲课，小林老师把自己的困惑讲了出来：如果教育没有成效，那么我们怎么有动力去记录？ 专家回答：只需要如实记录就可以了，记录的过程就是思考的过程。 将问题记录下来，总有一天会找到解决的方法。 记录的过程，也可以是无数次跌倒再爬起的过程。

在林友老师的故事里，我看到了她的成长，看到了她的从容。 一份踏实，一份艰难，一份坚持，一份感动，交织在一起就是真实的教育人生。

只要足够努力，一切皆有可能。 学校的发展是一个不断积累的过程，年轻教师需要机会，中年教师需要肯定，年长的教师需要尊重。 在一个良好的教育生态里，每个人都找到自己的价值所在，学校自然会充满活力。

在某次年度教师评选中，林友老师是唯一当选的年轻教师。 老师们给她的颁奖词是："一初掉下个'林妹妹'。 她的课堂，如同一首唐诗，曲径通幽、润物无声。 她的教诲，如同一曲宋词，感动人心、声声入耳。 她的眼里，每一个学生都是星星，她努力把他们擦亮；她的心里，每一位老师都是益友，她虔心向他们学习。 四年的磨砺，一朝冠领芳华，全国优课一等奖，是对她的努力和智慧的最好诠释。"

现在，小林老师不再迟疑，认为班主任工作能更好地体现教育价值。 她要坚持当好班主任、教好语文，和孩子们一起营造规范而自由的精神家园，陪伴孩子们一起成长，在教书育人的天地里找到属于自己的自信和快乐。

小林老师只是光谷一初青年教师的一个代表，这里合适的土壤让一批批年轻人成长为学校的中坚力量。 拉长时间的镜头，片刻的高光不易，朴素的教育人生更真实。 在教育强国建设的征程中，我们都是奋斗者。

10　秋天更是一种开始

时维九月，序属"仲秋"。在第38个教师节来临之际，我们光谷二初教师齐聚一堂，庆祝自己的节日。

教师是我们的职业，不管是因为喜爱还是机缘巧合踏入这个行业，教书育人已经深深地融入我们的生活，成为我们生命的一部分。教育是需要回眸、需要仪式感、需要展望的。2022年学校教师节的主题是表彰光谷二初"从教30年荣誉教师"，12位来自五湖四海的教师，为了共同的目标走到一起来了，把自己的青春岁月献给了教育事业，把自己的智慧和汗水献给了学生和学校。

30多个春秋，1万多个日夜，一路走来，披星戴月，看见美好，永怀希望。一年又一年，一届又一届，教师们甘做摆渡人，书写着自己的教育故事，实现着自己的人生价值。他们要感谢自己的坚守，更要感谢家人的陪伴。任何一个岗位，干一辈子都不容易，他们的坚韧、深情、朴实深深地打动着我。我们须向受表彰的"从教30年荣誉教师"表示衷心的感谢和崇高的敬意！

教师应该是校园里的树，既为学生遮风挡雨，又不断通过光合作用和自身成长释放氧气、滋养学生。这12位"从教30年荣誉教师"，从意气风发，躬耕三尺讲台，到传道授业，游刃有余，他们兢兢业业，爱生爱校，成就了多少莘莘学子。如今，他们大多数已年过半百，还坚守在讲台上，教书育人，精耕细作。他们是校园里的常青树，是学校精神最好的注解，他们永远年轻。他们就是未来的我们，尊重他们就是尊重我们自己。

教育是一份事业，需要我们全心付出，需要我们全力传承。光谷二初正处在爬坡过坎、品质提升的关键时期，我们遇到了一些困难，但是我们更有自己的目标、精神和底气。光谷二初要以办武汉市最好的初中为目标，实现发展和超越，这是新时代赋予我们的任务。一所学校，教师是最宝贵的资源，学校精神更是一所学校的软实力。全力以赴，超越自我，人的精神提振了，精神一变天地宽，很多问题就迎刃而解了。学校发展如同爬山，走上坡路会很累，但是站在更高处，我们才能够看到更美的风景。

教师是光辉的职业，其职业幸福感来自学生的进步和健康成长。我们是一群平凡的人，但在一起做的是不平凡的事。教师是一缕阳光，温暖自己，照耀学生，指引方向。让我们用阳光之心，育阳光之人。我始终相信，心有阳光，桃李芬芳。世间百年名校无非育人，天下第一等职业还是教书。

曾任清华大学校长的梅贻琦说："学校犹水也，师生犹鱼也，其行动犹游泳也。大鱼前导，小鱼尾随，是从游也。从游既久，其濡染观摩之效，自不求而至，不为而成。"在光谷二初，学生的不断进步，青年教师的成长，学校的发展变化，早已形成一种良好的生态。我们会一直温和而坚定地站在师生面前，用平凡的自我照亮大家的人生之路。

蒹葭苍苍，白露为霜；春秋代序，岁月绵长。把教师节定在秋天，一定是因为这是个收获的季节。对教育者来说，秋天更是开始，把秋天看作开始，职业生涯才会常青。教师节是朴素的，但我们的情怀是真挚的。我希望和祝愿全体教师都能生活好、工作好，这是做好教书育人工作的基础和前提。

　　回望来路，我们心存温暖；从容前行，我们步履坚定。共同努力办好一所拥有自然之美、师生之美、口碑之美的学校，努力办一所让人心动的学校，是我们光谷二初人的追求。

　　祝愿我们的教师节日快乐，祝大家平平安安，幸福快乐，桃李芬芳。祝我们的光谷二初彰显本色，蓬勃发展，蒸蒸日上。

第二篇 花开在眼前

花开在眼前,是当下的幸福,是教育的期许,是世间的美好。培育花儿的事业,既有静待花开的浪漫,还有美丽蜕变的惊喜。

1 花开在眼前

十多年前，我就听过《花开在眼前》这首歌。歌声缓缓响起，回荡在心里的是难以言喻的感动。它用朴实的语言诉说了一代人对曾经的辉煌岁月的深情与眷恋，抒发着见到祖国欣欣向荣的喜悦和激动。

大自然中的好东西都不是突然出现的，太阳一点点升起，春雨一丝丝洒落，花儿一朵朵开放，谷物一天天成熟，大海由一湾湾细流汇成。学校是一方美好的天地，有苗有花，有树有果，有少年的欢歌笑语，有园丁的辛勤劳作。花开在眼前，是当下的幸福，是教育的期许，是世间的美好。培育花儿的事业，既有静待花开的浪漫，还有美丽蜕变的惊喜。花开在眼前，正是光谷二初的生长姿态。

几年前，有专家问："光谷二初除了中考成绩可以，还有什么？"带着对"二初之问"的思考，我们打开思路，遵循规律，长远谋划，共同开启了学校新一轮的发展之旅。只有分数的学校是立不起来、走不远的，必须朝着新的方向和高度进发。

光谷二初要打造自己的文化，需要高举鲜明的旗帜，组织多彩的活动，创造温馨的环境，倡导简约的关系，拥有全新的成绩，媒体的宣传……思考决定行动，学校内涵拓展，我们的教育故事开始慢慢有了新色彩。

"教育为人生"是我们的教育哲学，这是二初人找到的学校文化基因。青春飞扬的体育节，绽放个性的艺术节，共读共享的阅读节，点燃梦想的科技节，多元创新的无课行动，走进科技馆，穿越华科大，高雅的大小书屋，潺潺流动的中庭水景，闹中取静的三果园、杏园……学生无一不喜，这都是他们奋斗的青春。学校普高上线率首次"破六"后，《湖北教育》期刊、《长江日报》《楚天都市报》等对我们的办学实践进行了专题、专版报道，社会关注度不断提高。在光谷二初高质量发展的路上，我们有自己的行动表达，学校在悄悄地积累和蜕变。解决"二初之问"，是我们奋发图强、全面提升的动力。

王凯杰同学担任过学校艺术节的主持人，他自信、从容、阳光，文化成绩总是名列前茅。他说："我是 804 班的学生，班级氛围特别好。到九年级，我还想继续主持活动，不会影响学习的。我的梦想是上华中师范大学一附中，在二初学习，我很快乐。"每一个班级，都有不少这样全面发展、个性鲜明的学生。

夏雨欣是夏胜利老师的孩子，懂事、上进、活泼。父女俩每天骑着一辆电动车上学，风里来雨里去。夏雨欣晚上一边做作业，一边陪着父亲值班。她的理想是当一名优秀的人民教师，父亲的敬业精神影响着她，身边老师们的默默奉献感染着她。她喜欢二初丰富多彩的校园活动，招牌式的微笑是对学校生活的赞许。由于在教师办公室的时间多，耳濡目染，小夏同学还学会了一些做学生工作的方法，开始尝试做起了"小老师"，为班主任分忧。

缪雨宸是孙芬老师的女儿，文静、睿智、有礼，从小就常跟着妈妈来学校，对这里的一草一木比较熟悉。她对班级的文化、环境特别满意，课余时间喜欢到学校安静、少有人去的地方探秘，充满好奇心。雨宸同学长大了也想做老师，还想当班主任，妈妈和老师们的事业在她心中是崇高的。一批批二初学子茁壮成长，他们热爱生活，爱世间美好的万物，心有家国。花开在眼前，是教育人的快乐。

曾任清华大学校长的梅贻琦认为："所谓大学者，非谓有大楼之谓也，有大师之谓也。"教师是学校最宝贵的资源，滋养着学校的血脉，哺育着祖国的花朵。

第一次走进二初的人，对这里的建筑、环境难以一见倾心，因为这是一所有年头的学校，学校的设施比较陈旧。但这也是一所神奇的学校，最大的魅力就在于教师。人们用"二初现象"来评价学校：老师们有真功夫，教学有法，心中有爱，每一个孩子在这里都被看见，成绩总是能大幅提升。近年学校生源不断增加，成绩日渐上升，口碑日益提高。"二初现象"是我们超越自我、砥砺前行的底气。

二初人是朴实、谦逊的，但这并不影响他们散发光芒。光谷好老师郑颖南，印象教师王正，区名师工作室主持人汤金华，新晋区学科带头人李丽、司国亮、黄坤、夏胜利，无一不追逐着自己的梦想。赵琴、黄娟荣获 2023 年"湖北好课堂"展评一等奖，章雪蓉荣获东湖新技术开发区教师五项技能竞赛特等奖，朱雅婷、杨恒、关淑婷均斩获东湖新技术开发区"逐光"杯新任教师"五项全能比赛"一等奖，展示着二初精神……这里，有一批默默奉献、行动力强、学生喜欢、淡泊名利的好教师，他们创造着"二初现象"。

我们都是一群平凡的人，做着平凡的事。教师们推选的十位年度人物，他们的事迹，他们的故事，带给我们的是平凡而真实的感动；一幅幅画面，一个个细节，一番番艰辛，一份份成绩，足以温暖每一个二初人。他们只是教师中的优秀代表，二初是一个伟大的集体，在这样的校园里，只要愿意，只要努力，大家都可以成为感动他人的人。在二初，还有这样一群人，总是把荣誉让给他人，把学生真情放在心间，把学校口碑视为珍宝……尤其是一批老教师，一生从教，从不懈怠，甘做铺路石，他们更是二初最宝贵的财富。

学生们是希望的花朵，千姿百态，灵动向阳；教师们是花圃，用宽广的胸怀接纳所有的学生，让学生成长有根基，不孤单；学校是一片生机盎然的花园，春兰、夏荷、秋菊、冬梅，花开有时节，四季有芬芳。 一所学校的生态和韧劲决定学校发展的高度，高度不同，看见的风景就不同。 光谷二初是一所让人越走近越觉亲切，越了解便越喜爱的学校。让人心动的不仅仅是环境，更是我们的教师，是我们的激情，是我们的教育品质，是我们迎难而上的战斗力和教育力。 当我们时刻想着学生的身心健康，努力做到五育并举；总是着力教师发展，不断改善办学条件，倡导简约关系，学校氛围就会变得柔软、丰盈，教育就会成为人生最辽阔的风景。

人生是一场旅行，从容淡定方能收获愉悦。 成就学生，就是成就教育工作者自己。 学生、教师、学校共同绘出了一张美丽生动的画卷，二初精彩的故事在时光里闪闪发光。 花开在眼前，尽管已经开了很多很多遍，但我每次都是泪流满面，像一个不解风情的少年……

2　歌声淌过三十年

今年中秋节，我收到了不少学生的问候短信。有一条很特别，它来自我教的第一届学生李芬喜。她走南闯北，在外拼搏多年，算得上是生活和事业上的成功者。

在祝福我的同时，她问起我当年教他们唱的一首歌曲的歌名，他们正在初中同学群里谈论、回味这支歌，回忆初中的学习生活。她还把群里大家表达的对这首歌的感受和记忆的截图发给了我。

我 1991 年毕业，还没有选民资格就回老家参加教育工作了，比学生大不了几岁，和他们亦师亦友，关系自然融洽。农村学校没有什么娱乐，学习之余，我教过他们一首关于中秋的歌曲，歌词是："中秋月，挂天边，思乡人，泪涟涟……故乡的月最圆，故乡的月最甜……"中秋将至，这首歌在九月唱来很温情，也很应景。

三十年过去了，我虽然还清楚地记得自己带的第一届学生们，但已忘记了教过他们这首歌。记忆这东西很奇妙，有时候模糊，一旦记起，又是那样清晰。可以想象，当时十三四岁的他们，唱这首歌的时候可能还不懂思乡情是什么，如今明白了，却已不再是少年。我的这届学生，如今也已经年届不惑，步入中年，他们早已肩负起工作和生活的重担，负重前行。这首歌或许陪伴过他们在外工作打拼的中秋夜，勾起了淡淡的乡愁，让人回忆起青春年少时的友谊、快乐。

一首歌曲，能让学生们惦记三十年，在每年中秋时都会想起、唱起，这让我惊叹于音乐的力量，让我感受到教育的美好。我想，如有可能，每一位老师都愿意化作一串音符，嵌进学生的生命里。

那时我初出茅庐，走上讲台的不是最好的自己，但是淳朴热情，对教师职业充满着向往。不经意间留下的记忆，可能是一节课、一份关怀，或是一个笑话、一首歌曲，竟还一直在温暖着现在的我们——那是我和学生共同的成长回忆。

今天，带着学生的问题，我又坐在了钢琴前。时隔多年，我居然还能完整地弹出这首曲子，仿佛仍身处那间简陋的教室，就在那群可爱而活泼的学生面前。深情的旋律慢慢响起，思绪游走，记忆逐渐涌上心头：一张张年轻的面孔是那么灵动和阳光，他们的眼神是那样清澈和专注，黑板上是我工整地书写下的歌词、曲谱，没有琴声伴奏，教室里整齐而纯朴的歌声在轻轻地流淌，在安静的校园里是如此动听。这是平凡的一幕，这是孩子们梦想启航的港湾……

遗憾的是，现在我弹得出旋律，哼得出歌词，却还是记不起歌名。我问了几位同事都没找到答案，师范学校的音乐老师也没有印象，网上也查不到。看来我不能很好地回复这位学生了，又或许，歌名是什么已经不再重要。遗憾或许是一种特别的美，可以让我们更好地铭记，让这首记不起歌名的歌曲留在师生的心里，与岁月一起慢慢地流淌……

教育是什么？不同的人会给出不同的回答。爱因斯坦说，走出校门，把学校里学的知识全部忘记，剩下的东西就是教育。学校工作千头万绪，教学质量与安全的压力也悬于头顶。但大道至简，最核心的还是学生的健康成长和全面发展，学校要教给他们受益一生、值得回味的东西。这应该是基础教育工作的首要目标。

学生毕业离开校园之后，对母校的记忆不能只有分数；教师退休后，记忆里不能只有分数。教育不应排斥分数，也不应止于分数。作业与考试终会远去，点滴的关怀、走心的教育和光阴的故事才会镌刻心中。　我们希望，校园生活能多一些鲜活的故事，留在学生的记忆中和生命里。　当我们真心、真诚地把能打动我们的东西带到学生面前时，总有一些感动可以超越学科的边界，超越时空的界限，陪伴他们走很远、很远……

或许，有些问题已不需要答案。　歌声淌过三十年，这已是一首情谊之歌、生命之歌。　愿教育能带给我们更多的美好，温润自己，照亮别人。　愿我的学生们一切都好！

3　面对未来之变

燥热的夏天悄悄离去，静美的秋天如约而至。 芳菲歇去何须恨，湖天一色正可人。

2022 年的夏天，酷暑难耐是主题词，整个北半球都陷入了"烧烤模式"。 欧洲高温带来许多问题，英国某基地的跑道被晒化，意大利最长的河流波河几近干涸，大片河床裸露，河流附近的土地由绿变黄，船只直接搁浅在了河床上。 欧洲的经济生命线莱茵河的水位大幅下降，船运几乎断航。

这个夏天，中国也经历了持续将近两个月的高温。 全国多地气温刷新最高温纪录，重庆、湖北等地出现了超过 44 摄氏度的极端高温，十多个省市连续多日发布红色高温预警，长江等的干流处于极低水位。 江苏部分区域的地表温度甚至达到了 72 摄氏度。 多地用电负荷创下历史新高，大家开始倡导节约用电、限电。 这次超级高温天气，又让我们走在了危险的边缘。

地球大约已存在了 46 亿年，孕育了人类的文明和繁荣，是我们共同的家园。 现在，地球真的病了。 人类持续的工业生产和碳排放，导致地球环境和气候发生了巨大的变化。 高温天气下，干旱的森林或草原很容易发生自燃，甚至演变成大面积的火灾。 而温度进一步升高，二氧化碳排放量增加，冰山加快融化，全球变暖就越来越快。 而未来，异常气候可能成为常态。

大自然自有其规律，人类在自然面前是那么渺小。 水是生命之源，没有水就没有生命。 天干地旱，庄稼无收，人们极有可能陷入饥荒，许多地方甚至连生活用水都成了问题。 困境面前，我们该如何做？ 我们要选择一条适合自己的道路，适合长期生存的道路。

在这个世界上，万事万物都有自己的价值，无数个物种汇聚成了地球的生命力。 漠视生命，浪费资源，推卸责任，会让这个世界更加糟糕。

放眼我们的校园，它看似安静而独立，实则联系着社会，联通着世界。 教育为人生，这是学校教育的价值所在。 我们要有一种境界、一种格局，尊重规律，独立思考，努力做好自己。 为家人、为社会、为祖国，其实，也就是为自己。

习近平总书记讲，绿水青山就是金山银山。 保护环境要从小事做起，要从身边做起，这是每一个人不可推卸的责任。 一屋不扫，何以扫天下？ 不浪费水电，爱惜粮食，保护野生动物，养成良好的习惯。 干净的校园，整洁的教室，有序的活动，善良的品格，阳光的精神，才能汇聚成光谷二初的品质。

在酷热的世界里，我们要有冷静的思考。 做好眼前的事，做好自己的事。 先做小事，再成大事。 光谷二初是一所成熟的学校、优质的学校，是一所值得期待的学校，学校愿意且能够为大家搭建更宽更广的平台。 学习是一件有趣和有意义的事情，但总是充满艰难。 心中有大爱、有目标，学习时就会相对轻松愉快。 立志、求实、担当，每个人都应该通过学习提升自己，通过学习改变未来。 从热点话题芯片技术、新能源产品、上天入地的大国重器，到细微的衣食住行、生活本领等，每一项进步都是学习的成果。

"这世界有那么多人，人群里敞着一扇门……这世界有那么多人，多幸运我有个我们……"新的人生征程已经开始，希望大家胸怀家国责任、坚定理想信念、练就过硬本领，从我做起，从现在做起，不负韶华，不负时代。

用学习提升自己，以学习面对未来之变。

4 精神一变天地宽

2019 年 6 月 26 日，是一个值得铭记的日子：光谷第一初级中学正式挂牌了！ 随之而来的还有对光谷一初的政策支持。 对全校师生而言，这是鞭策，更是希望。 我们需要外援但绝不能依赖外援，破解发展难题，增强内生动力，方能行稳致远。

提精神、求突破、强实力，是学校的发展思维，也是我们的务实行动。 只有把自己的事做好了，学校发展的韧劲增强了，才能做到"任他风吹雨打，我自岿然不动"。 还要善抓队伍提精神。 教师是学校最为宝贵的资源，教师的精神决定学生的格局，决定学校的发展。

我校特级教师刘行知老师写的文章《我们的"麻利姐"》在校园广为流传，谢正荣老师就是大家心目中的"麻利姐"。"麻利姐"和我年龄相仿，在这里工作多年，她上一届教两个毕业班的数学，成绩优异，今年又带两个班的数学。 她的热心和能干深受老师们的喜爱和认可。 有几次，我听到比她年轻的同事都喊她"小谢"，亲切之余又觉得有些奇怪，现在我明白了：她走路如风，"未见其人先闻其声"，热心快肠，教学效果好，麻利的人永远年轻！ ——"麻利姐"也成了学校精神的一种注解。

人的精神是可以传递的，精神体现的是标准、是速度、是责任。 发现教师的好，坚持讲好校园故事，就会涌现出更多的好教师，更多的"麻利姐"。

学校发展要有韧劲，重点在于提振干部的精气神，让大家充满干劲和拼劲。 光谷一初行政干部每周一次的集体学习已经坚持了两年，最初一学期就是我领学，坚持原创。 从理念到实践，从标准到细节，从观察到思考，大家在这个过程中收获了很多。 再后来变为轮流领学，每个人都精心准备，总能找到值得深思的问题，提出有价值的建议，集体学习变得备受期待，也更有收获。 这激发了干部队伍最大的潜能，让他们与光谷一初的发展同频共振，他们的观点和干劲也影响着越来越多的人。一件事情做久了，一种方式长期坚持，就会成为生产力、成为文化。 精神头有了，做事思路、方法也就更清晰了。

寻求突破谋发展。 光谷一初最大的窘境是生源不足，没有人气。既然如此，那我们就做与众不同。 公办学校大多都不愿意推行寄宿制，因为责任太重。 那我们就做"逆行者"，安排住宿和课后托管，零收费，用公办学校的模式提供私立学校的服务。 我们不能坐等生源，只能危中寻机，让家长多一种选择，给学校寻找一个突破口。 两年来，这种模式得到了更多人的认可，学生人数翻番，校园里开始热闹了起来。

选准突破口，外围突破。 光谷一初还建成了区内第一家智慧食堂，让传统食堂搭上互联网的快车。 智慧食堂体现了光谷一初尊重选择、服务学生的意识，让学生可以提前一周在网上选餐订餐，每餐提供不一样的菜谱。 学生自主订餐，节俭实用；刷脸取餐，节省时间。 这种做法，践行了学生至上、安全至上的人本理念，以后勤服务为突破口，让学生进得来、留得住、学得好。

建设优质学校，提升学校的品牌影响力是一场旷日持久的大战，单靠外围的突破而没有从内向外突围的战斗力，最终还是难免失败。 作为一名初中校长，我经常问自己："学校的核心竞争力是什么？ 如何提高核心竞争力？"答案是，用质量证明实力，用实干提升质量。

夯实常规工作，提实效、提质量。 到一初后，我带头观课、议课，深入各备课组参加学科活动，与教师们一起研究制订务实高效、细致具体的教学管理规范，确立了每个备课组在全区应该获得的学科地位。 这样一来，教学过程中的专题研讨、课堂打磨、质量分析就更具实效，目标定位更加清晰。 实效管理就是要学校定标准，干部下深水，教师有干劲。 一所学校，校长认真抓哪些方面，哪些方面就会好。 通过夯实常规工作，当年中考，光谷一初普高上线率超过优秀标准，师生收获了自信和喜悦。

立德树人，以全面发展彰显实力。 我们研制了"光谷一初学生十大好习惯"，群策群力、四易其稿编写了校本教材《习惯的力量》，把难抓的习惯养成变成了可操作的校本课程。 我们天天讲习惯，周周抓习惯，月月评习惯，绳锯木断、水滴石穿，这些好习惯成了学生自觉的行为，成为他们一生宝贵的财富。 阳光大课间， 师生共同参与，队列自然变化，体育与艺术有机结合，大场景下的集体行为是习惯培养的重要载体，光谷一初的大课间也成为蓝天白云下九峰峰谷一道美丽的风景。

曾任职于教育部中学校长培训中心的陈玉琨教授说：改变一所学校，就要改变这个学校的校园精神；改变一个教师，就要改变他的价值追求；改变一个学生，就要改变他的人生目标。

过去一年，名家大师走进一初，大师风范尽显儒雅；军营训练回归校园，军纪军风潜移默化；运动会开幕式的一分钟展演，精彩纷呈；元旦晚会师生同台唱响一初发展的主旋律，彰显格局。 如今的一初校园，鸟语花香，干净整洁，学生行为习惯良好，连保洁阿姨都颇具职业精神与人文素养，工作时主动不带手机，以免打扰学生上课。 在一初，人人都是教育者，人人都是好风景。 多彩的活动中渗透着朴素的教育，彰显教育的力量。 好的教育，就是要把立德树人的种子播种在校园的每一寸土地里，深植于师生心灵，表现在我们的行动中。

精神一变天地宽！ 凤鸣九峰是我们美丽的愿景，德立一章是我们前行的方向。 立德树人，彰显一流，成为名副其实的光谷一初，是我们的价值追求。

5　这些事，校长要管

　　校长是学校的符号和形象，承担着学校发展的压力，同时也承担着师生、家长的希望。不同的人对校长角色的理解是不同的。进入新时代，对校长工作的要求更高、更加具体了。大家都希望校长能主动和学生、老师、家长交流，听取意见，解决问题，不断提升学校的教育品质和教育质量。

　　以前在一所学校工作时，我的电话在暑期两个月里都不敢开机，因为学校学位少、慕名而来的学生多。按理说，作为校长，我的电话不能就这样一关了之，问题总是要面对和解决的。但若不关机，每天都会接到100多个电话，工作完全无法开展，只好关机了事。现在回想，各项工作没有及时沟通，必然是会有问题和隐患的。

　　来到光谷工作，我再也没有关机过。有的校长甚至向家长朋友公开自己的电话，便于及时沟通，增加家校之间的互信，这样坦诚相待就很好。不少学校在校内显眼的地方设置了校长信箱，以收取大家的建议和意见。学生们也对校长信箱寄予了很大的期望，他们认为校长无所不能，什么都能帮到他们，当然，这也是一种信任。每次打开信箱，沉甸甸的责任感油然而生。

　　有一位姓袁的女生反映食堂的青菜过少、油太重，我对食堂提出整改意见后，找到这位同学，向她反馈整改情况。她笑着对我说："校长，这个学校是你的，你说的他们还能不听？"我很诧异，但这就是孩子们的思维。我笑答："我们是公办学校，学校是党和政府的，是老师和学生的。学校不是校长的，而校长是学校的，是为大家服务的。"她似懂非懂，高兴地离开了。没多久，学生碗里青菜的量还真多了。有的学生爱吃肉，有的爱吃蔬菜，有的口味喜辣，有的喜欢清淡，食堂要兼顾。这也是校长应尽的责任。

我收到过一封信，让我感动不已。信中写道："校长您好，这是我写给您的第一封信，也希望这是最后一封信。我记得初一的道法课本里提到'少年梦，不应止于心动，更要付诸行动'，我一直在思考这个'行动'是什么。我参加了足球社团，每个大课间都会与同学切磋球技，下雨天也不例外。经过半个学期的努力，我的球技有了明显的提升。我并不缺努力与实践，而是缺一个机会。如果有机会，我希望可以登上更大的舞台；如果有机会，我希望成为一名职业球员，甚至凭借自己的努力，碰到那座大力神杯。希望您能帮我们组建一支足球队，多参加一些正式比赛，为二初争光。我思来想去，能给我们机会的，只有校长您了。"

这封信情真意切，表达了对足球运动无限的热爱。他有伟大的梦想，有为学校争光、为国家争光的情怀。中国足球整体水平不高，足球参与者少，能有这样的足球少年，我内心是欢喜、有触动的。学校不就是要搭建平台，让每一个孩子都能实现人生的梦想吗？我把这封信拿出来，和分管这方面工作的同志一起读，商定要解决学校场地不足的问题，把足球队组建起来，把训练抓起来，重视孩子们的合理诉求。现在，学校足球队已经成立，而且训练得非常扎实，孩子们有很多机会做他们喜欢的事情。终有一天，他们定会在比赛中放飞梦想，收获自信。而且，学校已有两位同学进入专业足球队并成为主力。多年以后，不知道孩子们是否还会记得青春年少时写给校长的这封信？

来信中也不乏一些日常的问题。有两个男生反映，班上有一个男同学很不好相处，小毛病比较多，比如喜欢上课讲小话、不服管教、爱钻牛角尖、有时候打击报复人等，希望校长能帮忙解决这件事。 这件本应由班主任处理的事，写信反映到校长信箱，展现了少年的单纯与对校长的信任。 我找机会了解了情况，做了一些有针对性的教育和安抚工作。学校工作要一环扣一环，把学生们的意见和诉求当回事，不能让他们失望。 帮助化解学生之间的矛盾和误会时，跟随他们年轻的思维跳跃，我自己也仿佛回到了学生时代，乐趣多多。 站在学生们的立场思考，知道他们在想什么，才是教育真正的开始。

得到孩子们的肯定和鼓励，我也会高兴好久。 一天，我打开一封来信，看到几行娟秀的字："校长您好，我代表七（13）班全体同学向您问好！ 您对光谷二初的付出我们都看在眼里，二初也因您的付出有了很大的进步。 祝您身体健康，万事顺利，带领二初走向新辉煌。"一个中学生，能观察到学校的变化，能看到老师的付出，能把自己的想法表达出来，让自己生活在希望和快乐之中，这也是我们教育成果的展现。

为了让信箱不"冰冷"，我请几个学生在上面画上了卡通彩绘，让信箱温暖起来，鼓励学生有话敢说。 这个信箱，不但可以接受举报、反映问题，更重要的是让孩子们把对学校、老师的建议和意见说出来，把自己的愿景讲出来，把学校当成自己的家，让更多人参与到学校建设中来。

争政策、出思路、用干部、建文化、谋发展是校长的职责，但校长更应该关心、关注人的成长。 学校的发展是由一件件事、一个个人推动的，虽然信箱小，但问题不小、信任不小。 信箱是一条纽带，是一个美丽的驿站，让学生能说话，让他们讲真话。 听取师生的意见，在此基础上不断改进我们的工作，那么校长信箱的意义就超越了它本身。

在光谷二初，有利于学生的事，再小也要做，再小校长也要管。 校长信箱的故事还在继续……

6 习惯的力量

有这样一个故事：有人向苏格拉底请教怎样才能学到精深的学问。苏格拉底说，很简单，只要每天前后甩手 300 次就行。一年后，坚持下来的只有柏拉图一人。重要的事情总是简单的，简单的事情总是难以做到的，大道至简。这让人不由得想到了习惯的力量。

总有人感叹人与人之间天赋的差异，其实对个人而言，后天教育的影响远远超出了先天的禀赋。我们总强调"知识改变命运"，却常常忽视比知识更为根本、更为隐形、更能决定命运的因素——习惯。好的习惯能帮助我们建立一套具有积极意义的、自动运转的系统，使生活更有序，帮助我们树立正确的人生观、世界观和价值观，塑造良好人格，创造幸福人生。正因为习惯有着如此强大的力量，习惯养成教育也自然成了学校和教育者的重要课题。

习惯是什么？大多数人认为，我们每天做的选择都是深思熟虑的结果，其实并非如此。一个人每天的活动，有 40％以上是习惯的产物，并不是审慎的决定。习惯最初是我们刻意作出的选择，但是一旦形成，就会成为不经思考也仍然频繁，甚至每天都去做的行为。比如养成习惯后，每天几点起床、几点到校、到学校后首先做什么等，都会成为自然反应。随着时间的推移，这些习惯综合起来，就会对我们的健康、工作以及幸福感产生巨大的影响。人生不过是无数习惯的相加，决定我们生活品质的是习惯的质量。

叶圣陶先生说："什么是教育？ 简单一句话，就是要养成良好的习惯。"好习惯是一颗颗美好的种子，它们生根、发芽、开花、结果，伴随着学生慢慢成长，走向成熟，走向未来的人生。

光谷第一初级中学遵循教育规律，把学生习惯养成教育作为践行"自主教育，优质发展"办学理念的重要抓手和需要长期坚持的德育内容。 我们在借鉴国内外核心素养研究成果的基础上，结合学校学生实际，制定了"光谷一初学生十大好习惯"，其内容包括感恩、诚信、自信、阅读、运动、反思等。 我始终认为，这些好习惯就是新时代学生核心素养的重要组成部分，可以帮助学生习得走向生活、走向社会的重要本领。 学校围绕"学生十大好习惯"设计了十项学生活动，让学生在活动中成长，让好习惯在活动中逐渐养成。

在光谷一初，好习惯的故事会让我们豁然开朗；好习惯的班级会激励我们时时自省、见贤思齐；"年度好习惯之星"的评比与表彰会让我们发现更多的榜样、树立更多的典型。"谷里新年盛典"这样重要的典礼上，我们大力表彰了"年度好习惯之星"，让他们与"年度教师"同台受奖。 好习惯会陪伴我们，让我们终身受益。 好习惯的价值，对学生来说如此，对教师来说也是如此。 我们天天讲习惯、月月抓习惯、年年评习惯，这些好习惯就会成为我们自觉的行动，成为我们一生宝贵的财富。坚持这些朴素的教育，就会达到绳锯木断、水滴石穿的效果；坚持这些朴素的教育，就会彰显习惯的力量，逐步形成光谷一初的学校文化，收获立德树人的实践成果。

习惯强而有力，却能主动培养；习惯不能被消除，却能被替代。 若要改掉一个习惯，可培养另一个习惯来替代。 而且，一个群体一起努力时，改变的成功率会大大提高。 因此，有班级的影响和同伴的激励，有学校良好的习惯教育文化，在家长和老师的引导下，学生们更容易养成好习惯、改掉坏习惯。 在这个过程中，我们要设定目标、制订计划、有效执行、明晰奖罚、悦纳坚持。 好习惯的养成绝不是一朝一夕的事情，与坏习惯的斗争也是天天要面对的挑战。 比如要养成热爱运动的习惯，那么天气不好、身体不适、时间紧张等都不能作为不运动的理由。 偶尔的不运动可以理解，不断地找借口就不能原谅。 尤其是在新习惯培养的早期，要尽可能不找任何借口，坚决执行。

我们希望把内在的、难以触摸的"核心素养"，转化为外显的、可以培养的"良好习惯"，变成可供学习实施的课程。 我们群策群力编写了《习惯的力量》作为校本课程教材，内容包含好习惯的内涵解说、好习惯的经典故事、好习惯的名言警句、好习惯培养的班会案例等，让习惯的力量看得见，让习惯教育融入学校的血脉之中。

学校管理的精髓就是慢慢地靠近教育规律。 抓习惯就是抓质量，抓细节就是抓质量，抓阅读就是抓质量。 习惯始于点滴，关键在于坚持。好习惯的力量是巨大的，它会让我们更好地把握自己的生活，更大程度地发挥我们的潜力。

7 从生活中寻找教育智慧

经过漫长的等待，一场秋雨终于降落，天气开始转凉。 尽管 2024 年的夏天实在"不屈"，不想轻易退出舞台，但四季轮回是自然规律，无法抵抗。 对于教育人来说，秋天才是真正的开始。

2024 年秋季，开学在即，新的学年大家都期盼着有新作为、新使命、新气象，光谷二初不断向上生长。 新学年的工作对于学校未来的布局和发展来说十分重要，是奠定基础、打开局面、得到家长及社会全面认可的根本。 其中，最关键的是要明确光谷二初未来发展和定位的问题。 机遇与挑战并存，学校内要稳健发展，外要争取政策支持，做到"内外兼修"。

之前，家长对光谷二初的印象大体上有这些：饭菜好吃，教师敬业，成绩亮眼，教育价值观正确，学生活动丰富。 这是大家对我们的褒奖。我们也深知自己的问题和不足：作为一所新优质学校，我们还很稚嫩，要得到大多数家长的认可还任重道远。

学校行政干部要以身示范、创新担当，做学校各项工作的引领者和服务者，做好关键少数，成为光谷二初高质量发展的引擎。 我们没法给教师们更多的工资，也不能给教师们太多荣誉，可以做的，就是自己带头干。 有什么样的行政干部，就有什么样的学校。

大雁在飞行时总是结队，队形一会儿呈"一"字，一会儿呈"人"字。大雁为什么要结队飞行呢？ 原来，雁群在迁徙时，后一只大雁能借助前一只大雁的羽翼所产生的动力飞行，使飞行省力，这就是"雁阵效应"。

　　大雁的叫声热情十足，能给同伴以鼓舞。 大雁用叫声鼓励飞在前面的同伴，使团队保持前进的信心。 若一只大雁脱队了，立刻就会感到独自飞行的艰难、迟缓，所以会很快回到队伍中，继续利用前一只大雁飞翔产生的动力飞行。 领头的大雁累了，就会退到队伍的侧翼，由另一只大雁取代它的位置，继续领飞……

　　雁阵效应告诉我们：靠着团结协作精神，候鸟才能凌空翱翔，完成长途迁徙。 雁群如此，学生工作和学校管理亦是如此。 唯有顽强拼搏、团结协作，团队才能走得更远、更好。 团结协作出干部，团结协作出成绩。 内耗是不必要的，优秀的教师和优秀的管理干部往往是善于合作的乐观主义者。

　　荀子有一句话说得非常好，人"力不若牛，走不若马，而牛马为用，何也？"答曰："人能群，彼不能群也。"这句话的意思是说一个人力气比不上牛，走路也没有马快，但是牛马皆为人所用，这是什么原因呢？ 答案是因为"群"，也就是合作。 牛马不能够合作协同，因而为人所驱使。 在动物世界里，一只老虎可以使一群牛落荒而逃。 试想，牛如果能够合作，一群牛难道不能与一只老虎对抗一番吗？

　　这句话给我们的启示是深刻的。 在学校工作中，具体到每一个备课组，每一个年级组，每一个班级，都要切实地团结协作。 集体备课就是一种很好的团结协作的方式，把集体备课抓实、抓好、抓出新高度，是质量提升的必由之路，也是学校品质的体现。

　　北美红杉是浅根型植物。 按照常理来说，越高的树需要扎越深的根，否则，"木秀于林，风必摧之"，越高的树越容易被大风连根拔起。 但北美红杉有个最大的特点，就是成群结队地并肩生长。 一棵又一棵的北美红杉，在地下的树根彼此紧密携手，连结为一张巨大而牢固的网，有的红杉林面积可达上千顷。 因而，再猛烈的狂风暴雨，也无法掀起整片树林。 靠这样彼此依靠、扶助，北美红杉成就了令人惊叹的高度：它们是世界上非常高大的树种之一，长成后高 60 至 100 米，挺拔修长、高耸入云，成为一道道令人赞叹的风景。

草木如此，人类亦然。对教师而言，找到自己生命之中的红杉林，尤为重要。如何突破自己成长的瓶颈期，如何突破学校发展的高原期，需要在生活中寻找智慧。团结协作、抱团发展就是一种智慧。

暑期，我和几名同志参加了湖北省教育厅组织的新教师培训，深受感动和启发。十年青春，百年梦想；播种希望，引领未来。一个活动能连续举办 20 年，一群人总是自发地聚在一起，一定是因为有共同的理想，一定是相信能重塑生命。来自全国各地的与会者们，本身就是一道道亮丽的风景，他们多年的坚持让人感动。他们中不乏全国优秀教师、全国优秀教育工作者、特级教师，"大咖"如云。他们坚持数年如一日地写教育日志，坚持数年如一日地实地家访，坚持做新教师培训的志愿者。

这次新教师培训晚会的设计，包括相聚、重逢、合作、离别等多个主题，人生种种，悲欢离合、生老病死，尽在其中。可概括为一句话：教育为人生。教育之道，是人生之道。

教育是一项坚持的事业。坚持读书，坚持写作，坚持做班主任，坚持锻炼身体，坚持深耕课堂，坚持儿童立场，坚持教育情怀……在这样的坚持中，自己也会更年轻、更快乐。

据说马拉松比赛中，参赛者跑到 25 公里处最为疲惫，意志薄弱者往往差不多在这时退出比赛。这时已跑了近三分之二，放弃了十分可惜。可在那一刻，没有毅力的人会感到精神涣散，看不到终点，再难坚持，于是毫不犹豫地选择了放弃。历史上终成大事者，"坚持"是他们的头件法宝。其实，教育也是场马拉松，我们要看到自己的"三分之二"在哪儿，要看到学生的"三分之二"在哪儿，也要看到学校的"三分之二"在哪儿。

坚持做小事，坚持做好事，不必太看重眼前，不要做了一点事就要回报。看长远一点，是一种生活智慧，也是一种教育智慧。教育是一个着眼未来的事业。

武汉市功勋班主任代建勇老师来学校作报告，讲得十分精彩。代老师看起来40岁出头，但实际已有57岁了，大家都很诧异，因为完全看不出来。38年的教龄，35年的班主任生涯，没有催他老，反而让代老师活得更年轻和洒脱，这值得我们思考。只要目标明确、理想坚定、内心从容，教育工作的琐碎和劳累也可以成为沿途的风景。精彩的报告总是以故事为主线，有趣的人生都是因为有年轻和执着的灵魂——代老师的报告让人忘记了时间。

光谷二初到了转型升级的关键节点和路口，也到了布局调整的关键一年。我们要用自己的努力和成绩为学校发展争取主动权，用成绩来谋发展，用口碑来换空间，要清醒地认识到差距和自身存在的问题。破解了这些难题，二初就会跃上一个新台阶，形成良性循环，越来越好。我们要解决教书、育人分离的问题，要解决不重视非中考学科的问题，要解决习惯教育不到位的问题，要解决课堂效率不高的问题，要解决精品课程不丰富的问题，要解决安全意识不足的问题……问题，催人奋进。

若能解决这些难题，光谷二初的"心动值"定会提升，我们工作时会更加放松和自信，更能彰显教育的价值，学校未来的路也会越走越宽。

光谷二初把"心动教育"八条路径作为行动指南，坚持不懈地落实、优化，让"心动学校"建设更具内涵，更有竞争力。"安全稳定就是教育质量，身心健康才是教育根基，优良质量作为立校之本，服务品质提升学校品位，环境优雅让人宾至如归，多彩活动重在立德树人，教师成长滋生发展动力，和谐关系体现简约团结"，对标这八条路径，每一个部门和每一位教师都要设计自己的工作路线图，这样我们的"心动学校"建设就会更聚焦、更具张力。

8月，《中共中央 国务院关于弘扬教育家精神加强新时代高素质专业化教师队伍建设的意见》发布。《意见》提出："经过 3 至 5 年努力，教育家精神得到大力弘扬，高素质专业化教师队伍建设取得积极成效，教师立德修身、敬业立学、教书育人呈现新风貌，尊师重教社会氛围更加浓厚。"具体如："工作中要坚持教育家精神铸魂强师，引导广大教师坚定心有大我、至诚报国的理想信念，陶冶言为士则、行为世范的道德情操，涵养启智润心、因材施教的育人智慧，秉持勤学笃行、求是创新的躬耕态度，勤修乐教爱生、甘于奉献的仁爱之心，树立胸怀天下、以文化人的弘道追求，践行教师群体共同价值追求。"

《意见》提出了加强理想信念教育、加强教师队伍建设党建引领、坚持师德师风第一标准、引导教师自律自强、加强师德师风培养、坚持师德违规"零容忍"、提升教师教书育人能力、厚植尊师重教文化、讲好中国教育家故事等 17 条要求。 这是关于教育强国建设的一个纲领性的文件，我们要不断学习、慢慢领会、逐步提升。

在教书育人岗位上，所有艰苦卓绝的长途跋涉，都要有砥砺前行的意志支撑；在立德树人事业中，所有超乎寻常的不懈付出，都在点亮智慧的光芒。 教育家也是平凡人，教育家精神就在我们身边。

杨玉娟老师要到光谷七初去交流，离开之前来办公室和我道别。 她说，在一个环境工作、生活久了，有点倦怠，但真要离开的时候，又有点不舍，二初确实有二初的好。 人生就是这么奇妙和复杂，这就是生活，这就是教师们眼中真实的二初。

好多老师在二初工作了一辈子，好多老师也将在二初工作一辈子。选择了这所学校，它就会成为我们生命中重要的一部分，我们与之朝夕相处、荣辱与共。 在这里展开的，既是我们的工作，又是我们的生活。

我们要从生活中寻找教育智慧，在坚持对教育的选择、对学生的热爱、对事业的执着中，书写自己的教育人生。

8　一生有你

夏日的窗外，晴空万里，
六月的二初，浓缩着多彩的四季。
森林公园的微风，吹不散青春的记忆，
欢乐、友谊、拼搏，还有长高、爱慕、孤寂。

岁月流转，缘分忽至，
一群人在创业街上相遇。
千难万苦也阻挡不住梦想开启，
五颜六色的校园因一群少年而美丽。

门前的樱花树，在晨曦中迎接追寻理想的你，
中庭水池的浪花，弹奏着光影流年的奏鸣曲。
喜欢操场上的喧闹、奔放与呼吸，
心动于夕阳西下，杏园满地黄叶的静谧。

水火箭一飞冲天，那是科技少年的手笔，
管乐声声，艺术滋养人生的印迹。
音乐嘉年华，学生历史剧，
报告厅的舞台总在等待主人演绎。

如珍珠般的书吧，是最"二初"的居心地，
这里有不被打扰的空寂，
慢下来，是智慧的眷顾，
墨香阵阵让人沉迷于一片新天地。

教育为人生，
总想留给你一生受用的东西。
三年的朝夕相处，
能带走的是远方和诗意。

母校从不孤独，这里荡漾着青春的气息，
老师静静守候，耐心地格物致理。
淡忘的是昨天做不完的作业、试题，
超越广场上还留着你踏歌前行的影子。

母校是一种过去，
自己骂过，却总回味这里的欢声笑语；
恨很真实，爱不需要道理，
时光会珍藏我们真挚的情谊。

鸟大分巢，树大分枝，
有一种深深的爱，必须指向别离……
轻轻的拥抱，传递的是心中无尽的祝福，
温柔地目送，就要长大远行的孩子。

青春是读书的季节，

家国情怀成为你们的格局。
求实担当，在奋斗中扬桨挥楫，
一万年太久，只争朝夕。

水木年华，相逢相知，
灵动阳光的快乐是独有的气质。
二十年后回母校再相聚，
心有阳光，一生有你……

9　一只哑铃

我的办公室里，放着一只十公斤重的蓝色哑铃。 这是小权同学寄存在这里的，已有近一年的光景。 我几次提醒他在合适的时候把它带回家，可他一直没有来拿走。

两年前，小权进入光谷第一初级中学，班主任是刚入职的年轻的周老师。 班级的成绩不错，学生很活跃，但有几个男生很闹腾：有经常不自觉走出教室的小覃同学，有"夜行昼伏"的小付同学，还有不能听一点冤枉话、容易和其他同学起冲突的小权同学。 周老师有点措手不及，几次被气哭。

小权是个个子不高、瘦瘦的、很清秀的男孩，但若谁"冒犯"了他，他就不依不饶、大闹课堂。 年轻老师束手无策，几次请我去处理危机。我与几个孩子逐渐熟识起来，对他们的特点、家庭也有了一些了解。 每一个"闹腾"学生的背后，都有一个不一般的家庭。

一年后，周老师被调到其他学校工作，班级里的孩子此前虽一直与她"斗智斗勇"，但也产生了感情，很是依恋和不舍。 八年级新学期刚开始，小权在教学楼连廊碰到我，沮丧地说周老师把他的哑铃带走了。细问之下我才记起，有一次班内学生起冲突，小权带到学校做锻炼的哑铃被其他同学拿出来，很是危险。 周老师平息了这次冲突，把这只哑铃"收缴"后交给了我。

小权跟着我来到校长办公室，确认哑铃就是他的，并没有被周老师带走，很是惊喜，露出了笑容。 我提醒他今后要和同学和睦相处，有矛盾处理不好时就找老师，有困难也可以随时来找校长，不要再把危险物品带到校园了。 我告诉他，这只哑铃他想要可以随时来取，他安心地走了，没有带走哑铃。

从这以后，小权和我亲近了许多。 每次在校园碰见，我都要主动和他聊上几句，巡堂到他们班时，也特别留意他的状态。 午饭后的休息时间较长，师生都喜欢这时到校园各处转一转、走一走，散散步、晒晒太阳。 我喜欢在人群中慢走，听听孩子们的心声，看看他们的笑脸。 这个时候，他们最放松，能说出对学校工作真实的意见和见解。 好多次，我都遇上了小权，他似乎有意在等我，又似乎只是在漫步。 我递上一点水果或牛奶，他也大方地接受，几句轻言慢语，胜过许多教育。

一初校园总是那么美丽，初夏的果树上桃红梨绿、枇杷飘香，果实和孩子们一起成长，很是喜人。 青春期的孩子一天一个样，小权的个子越长越高。 有时候他和我比身高，我轻轻地抱一抱他，他也不排斥。 见到我，他总是认真地敬个礼，羞涩地微笑。 这些动作和表情，时不时浮现在我的脑海里，很温暖，又是那样清晰和自然。 他告诉我，校长在食堂值班的时候，食堂师傅的服务态度要好一些。 我说我来提要求，想办法改进。 他悲观地说："没用的，校长你又不能天天都来。"这就是他思考问题的方式，多少带有一些不符合他年龄的成熟，让人心疼。

看远处的是风景，看近处的才是人生。 小权从小失去了父亲，寡言少语，别人说他家人的坏话，是他最不能容忍的。 他几次与同学产生矛盾都与此有关。 他缺少父爱，大多数时候却表现得安静和淡定，已经很不容易了。 每一个孩子都不简单，青春年少的背后，有着不同的艰难。不走近，我们难以感同身受。 和小权的交流多起来后，我们之间的信任也增加了。 渐渐地，他变得更加从容、安静，发脾气的时候少了。

暑期，学生开展综合实践活动，我到基地去看孩子们，特别想看看小权。 他们都穿着迷彩服，很难找。 小权看到我来到他身边，微红的额头上满是汗珠，眼中却有惊喜的光芒，仿佛长大了不少。 我叮嘱基地的负责人，要减免他的费用，要搞好学生的伙食。 我看到小权和伙伴们稚嫩的脸上，透露出成熟和坚毅。 挥汗如雨的他们，正在感受不一样的人生，正在成长为一个个习惯好、有担当的少年。

这只哑铃一直放在我的办公室里，我没有催小权取走，或许是因为一份放心，或许是因为这样我们还有一条沟通的纽带。 哑铃的一端是我，另一端是他，连接彼此的是一份惦念。 从当初他主动要取回哑铃到现在不愿拿走，我想，是否在我们交流的过程中，他看到了信任、感受了温暖、得到了关心、找寻到了力量。 人与人的交流其实很简单，你怎样对他，他便怎样对你，大人如此，孩子也一样。 良好的师生沟通，应该是教育的起点和哲学。 教育是一缕阳光，只要你愿意，它可以温暖生命的每一个角落，可以抹去心灵的灰尘，让人向上、向善、向美。

美好相伴的日子总是很短暂，那个暑期后，我被调到了光谷第二初级中学工作，不能陪伴小权走完初中了。 分别在假期，也不方便与他见面。 离开一初之前，我特意准备了三本书，要办公室的同志替我送给他。 在《里姆的月亮》的扉页上，我写下"看见美好，永怀希望"；在《画鸟的猎人》的扉页上写下了"读万卷书，行万里路"；在《雾都孤儿》的扉页上写了"好好学习，天天向上，总有人会为你牵挂"，并写下我的名字和联系方式。 我希望他爱上阅读，不再孤单，找到自信和学习的方向。 而这只陪伴了我近一年的哑铃，这只牵动着我思绪的哑铃，我请办公室的同志一定要当面还给他，谢谢他对我的信任。

又是一个新学期，我一直没有他的详细消息，只听说他没有按时返校，因为家庭原因去了一所中职学校。 我有点伤感，不知道什么时候能再见到他。

10 祝你一路顺风

1992 年，一首《祝你一路顺风》唱出了无数临别之人的心声，也成为时代的经典。

又是一年毕业季，感动和不舍从来没有缺席。 三年的朝夕相处，定格在光谷创业街 97 号的校园。 我们放慢脚步，深情地回眸这片充满着青春气息的土地。 昔日的欢歌笑语、踌躇满志，青春烦恼和校园故事，凝集成温暖的记忆，永留大家心中。 在我心里，这是校园里一道道美丽的风景。

这个世界上，大凡美好而恒久的东西，都是朴素的。 小菜园变大了，杏园、三果园挂果了，中庭水池流水潺潺、鱼儿嬉戏，开放书吧书香阵阵、温馨可人，这些都是不少同学在疲惫时驻足和小坐的地方，或许这成为他们最深刻的二初印象。 既然离开不可避免，我只有目送他们走向更为广阔的天地。 我们每个人都在时光的洪流中渐渐长大，告别母校，他们迈出的是坚定的步伐。

真正的伟大属于心灵，不要害怕平凡，不要急于求成，要敢于创造。对未来最大的慷慨，是把一切献给现在。 不把握现在，也就没有了未来。 求学、工作之时，每一天都要对自己负责，生活不会亏待每一个奋斗者。

人一生要结交两个朋友：一个是图书馆，从阅读中寻找自己、超越自己，一个人的顶级修养是情绪稳定，好书、好的文字会让人悦纳自我、坚定前行；另一个是运动场，在运动中体验突破、拥有自信。身体没有感受过极限，灵魂就不会升华。结交这两个朋友，会让你受益终身。

做一个谦逊的人。要想成大海，必须比江低。转大弯、求平衡、善妥协、要坚韧，是一种智慧。做一个自律的人。没有自律，所谓天赋，不堪一击。自律成了习惯，我们就接近成功。做一个拥有家国情怀的人。没有伟大的国家和民族，就难言个人的尊严。个人的发展和家庭的幸福，源自祖国的强大。家国情怀是一种源自内心的质朴情感，是每个人的立身之本。

有这样一个故事。五十年前，有两个青年在抬石头修教堂，一个智者问他们："你们在干什么？"一个青年回答他："我在抬石头。"另一个青年则说："我在修教堂。"五十年过去后，说抬石头的人还在抬石头，说修教堂的已成为哲学家。很多时候，目标不同，结果就不同。将人生用于"抬石头"还是"修教堂"，取决于自己。

什么东西都可以低估，唯独不能低估青春的能量。青春是用来歌唱的，青春是用来奋斗的，青春是用来回忆的。会心的笑，吃过的苦，流过的泪，难解的结，成长的路，都让人刻骨铭心。

这是一份始于光谷二初的情愫，是对时间的怀念，对未来的祝愿。多年以后，这段相伴成长的美好会沉淀为青春的记忆。

当你离开母校，从此一个人走，我只能深深地祝福你，祝你一路顺风！

11　音乐是最美的语言

一首动人的歌曲可以滋养灵魂，可遇不可求，需要词、曲作者和演唱者共同的灵感和精心创作。如激励着中华儿女奋斗不屈的《黄河大合唱》，唱出中国人对祖国深情的《我和我的祖国》，更有气势磅礴、慷慨激昂，表达着国家精神和民族情怀的《义勇军进行曲》……一首首经典歌曲打动了人们的心灵，引起无数人的共鸣。一首歌往往就是一种心境，一份期盼，一段历史，一个世界，需要我们用心静静地聆听。音乐是世界赐予人类的礼物，音乐是人世间美妙的语言，难以想象没有音乐的世界会是什么样子。

从早期的劳动号子到行军进行曲，再到写人、写景、写心灵的各种歌曲，音乐早已成为人们生活中不可缺少的部分。一首好的歌曲往往对一个国家、一个民族、一个组织有着独特的意义。每个人都是独特的生命个体，有时，一段乐曲会让我们回忆起曾经的美好，激荡起我们生活的涟漪，想起一个人、一个眼神、一段情、一个故事、一个场景、一个时代……音乐就这样浸润着我们，丰富着我们。

我是一个热爱音乐的人，从小喜欢听歌，各种腔调，都曾尝试模仿。广播里播放的歌曲，磁带里播放的流行歌曲，都能给我带来惬意和美好。上了师范学校，时间、资源更丰富了，我如鱼得水，甚至可以一整个暑假不回家，在学校琴房刻苦练琴。宿舍、食堂、操场、教室，都留下了我肆无忌惮的歌声。音乐让人专注，感觉偌大的世界只有音乐和自己，洗涤精神，润泽内心。 走上工作岗位后，享受音乐的时间少了，但繁忙之余，我还是习惯弹弹琴、听听歌，以减轻工作的疲惫。 许多人对音乐有着独特的情感，音乐给人带来的不仅仅是感官的享受，更是心灵的抚慰。 音乐带给每个人的感受都不同，但悦己养心的本质不会变。 在夜深人静的校园里，我坐在钢琴旁，随手弹起一曲，熟悉的乐曲婉转悠扬地响起，感动油然而生，让人不由得心情激荡、兴致盎然……人是感情动物，刚好，音乐就是抒发情感不可多得的独特载体。

　　校园里是需要音乐的。 在光谷二初的致远长廊上有一副对联："歌声笑声读书声声声入耳，家事国事天下事事事关心。"歌声、笑声、读书声是校园里最动人的声音，青春不散，歌声不老。 学生最不喜欢被挤占的课一定包括音乐课，从艺术节的各类展演中也能够感受到学生们对音乐的热情和喜爱。 光谷二初的开学典礼、教师讲堂也多次选用歌名为主题，如"早安中国""花开在眼前""落在生命里的光""光阴的故事"等，好的音乐、好的故事总能打动人心。 去年假期，学校给学生们布置了一道特殊的寒假作业——师生同唱《同一首歌》。"音乐是最美的语言"也正是 2025 年春季开学典礼的主题。 经典需要传承，美好需要品味。 有那么几首歌，多年以后能被想起、唱起，也是对中学时代、青春岁月最好的纪念。

　　音乐是国家基础课程之一。 初中音乐学科的核心素养涵盖审美感知、艺术表现、创意实践与文化理解。 这要求学生们积极参加各类音乐活动，对音乐抱有浓厚兴趣，能经常用音乐给自己带来快乐的情绪，主动选择适宜的音乐活动以调节情绪、平和心理，展现出较高的审美感知能力。

　　无疑，愉悦自己、找到心灵的安放之地是音乐的一个独特功能。 每个人的生命中都有虫鸣、有低吟、有小桥流水，也有暴雨雷霆，构成了生命的多样性——生命本该多姿多彩。 曾经，我羡慕厦门的一所中学有一支很有品位的合唱队，羡慕杭州市建兰中学拥有自己的交响乐团，每年春天的专场音乐会都让人为之感动、振奋。 经过努力，光谷二初的合唱队和管乐团已经组建，并开始在不同的舞台传递美好。 学校对美好音乐的追寻一直在行动，力图让更多的师生乐在其中。

音乐是声音的艺术，更是情感的艺术。 当校园里歌声此起彼伏，大家的脚步更轻盈，我们的学校就人情味更浓、更温暖，更令人心动。 在这个多彩的世界，音乐能抚慰人心，这是世界赠予我们的礼物。 文字到达不了的地方，音乐可以抵达……

12　让光谷一初成为我们喜欢的样子

　　"草长莺飞二月天，拂堤杨柳醉春烟。"春风习习，万物复苏，春天正迈着轻盈的脚步向我们走来。今天，我们隆重举行春季学期开学典礼，描绘蓝图，追逐梦想，播种希望。我想，每位师生内心都有一个共同的期待：让光谷一初成为我们喜欢的样子，让我们学习、工作、生活在自己喜欢的校园里。

　　老师们自己的作品集《笔耕的力量》终于与大家见面了。它展示的是教师智慧，传递的是学校文化，描绘的是一初之美，很朴实、很亲切，让人爱不释手。老师们的文字有着无穷的力量。一所学校，理应有属于自己的文字。

　　光谷一初的美是从自然美开始的。在光谷腹地，在九峰山谷，有一所充满灵气、生机勃勃的学校。群建小路林荫道的静谧，樱花路上繁花盛开的浪漫，银杏广场满地金黄的风景，竹林里蝉和金丝雀和谐的鸣唱，清香的栀子花，粉红的桃花，雪白的梨花，橙黄的枇杷，红透的李子，硕大的橘子，火红的枫叶……这些都让我们驻足，流连这四季皆有景、四季景不同的校园。

　　进德楼、修业楼、仁济楼上，多少个晚上，老师们陪伴着学生上晚自习的灯光，映照着干净、安静的一初校园。花开蝉鸣，叶落霜凝，这是光谷一初的味道，也是生活的味道。苦中有乐，向着美好，我们一路前行。对光谷一初最朴素的爱，就是爱护这里的一草一木，珍惜来之不易的校园生活。十年树木，百年树人，自然界的一切相互依存、和谐共处，这是自然规律。对每一个生命的尊重，对每一处风景的欣赏，才会让一初校园百花争妍、桃李满园。

光谷一初的美应该在师生身上。学校里最活跃的因素是人。

师生之美，首先在精神。让人喜欢的校园，理当有充满职业精神的教师，理当有不怕吃苦、追梦前行的学生。一个上进的人、一个有品位的人，要有丰富的精神世界，有孜孜不倦的追求。人的精神是可以传递的，人的精神提振了，很多问题和困难就可以迎刃而解。追求卓越、全力以赴，让向上、向阳的我们成为光谷一初的印记，成为光谷一初的风景。德立百善从，一初师生精神之美在"凤鸣九峰，德立一章"中传承。我们用孺子牛的心境，用拓荒牛的精神，用老黄牛的韧劲，修炼自己、坚定前行，不一样的光谷一初和拥有光谷一初精神以后不一样的我们，就会展现在大家面前。

师生之美，其次在行动。"合抱之木，生于毫末；九层之台，起于累土；千里之行，始于足下。"行动起来，把每一件简单的事做好，就是不简单。校园里，有书声琅琅的早读，干净整洁的走廊，整齐摆放的拖把，主动问好的学生，安静专注的会场；还有洗手池前的绿萝，卫生间里的备用手纸，出操进餐有序的队列，从不破损的消防栓玻璃，耐心答疑解惑的教师，温暖的灯光，安静的陪伴……良好的习惯，向上的精神，默默自觉的行动，这是我心中光谷一初的样子。

不断改变和进步，努力让校园成为我们喜欢的样子，是教育的意义，是师生的成长，也是学校的价值。行动之美，美在自律，让校园的小事成就大事，让小事成就大人生，自律上进的每一个光谷一初人都了不起。

光谷一初的美应该在口碑。从九峰中学到光谷一初，不应只是校名的改变，我们要从小学校向大学校转型，要从片区中学向城区中学迈进，要从继承发展向创新示范前行。 新的一年，我们要有自己新的成绩、新的品质、新的口碑。 校本课程丰富，学生活动精彩，中考成绩突出，教师体现价值，学生全面发展，兄弟学校尊重，家长朋友认可——这就是我心中光谷一初的样子。

天道酬勤。 点滴的进步要付出艰苦卓绝的努力，良好的口碑来自实干。 教育的意义和学校的价值，不仅仅在于分数，还在于校园里所有人的不断提升和改变，更在于丰润学生的人生，丰润成长的自己。 良好的口碑就是社会的尊重，要获得社会的尊重需要学校的实力。 当我们喜欢上了自己，喜欢上了自己的学校，光谷一初就开始拥有了好口碑。

"沾衣欲湿杏花雨，吹面不寒杨柳风。"春天总能给人无限的想象和万千期待。 当我们付出了汗水，光谷一初成为我们喜欢的样子，拥有自然之美、师生之美、口碑之美，学校里的我们，也就成了有价值的我们、真正的我们……

第三篇　校园里的石头

　　做一块石头，要耐得住寂寞、经得起打磨、忍得了踩压、受得起仰视。这是石头的生命经历，也是人生的必修课。

1　校园里的银杏树

我对校园里的银杏树有一种特别的情感。

银杏树是光谷一初的校树，喻示着光谷一初学子有银杏风骨，高雅做人。 一排排银杏树矗立在学校的银杏广场，见证着师生工作学习的辛苦和快乐，见证着学校悄悄发生的变化和进步。

据说银杏是和恐龙同时代的植物，被称为"活化石"，适应能力强，生长期漫长，寿命可达千年。 银杏每年春节时开始发芽长叶，叶子由绿色慢慢变成黄色，最终在秋冬随风飘去。 它平凡的一生就是在希望中酝酿着璀璨的秋，它这种坚韧的精神仿若永恒的沉着的爱。

一年春天，后勤的同志决定在乐学厅后面补栽两棵银杏。 他们早早地画好线，挖好树洞，买来两棵尺寸差不多的树，小心地栽直，并细心地为它们搭好了支架。 树洞的深浅、回土的厚薄、浇水的多少，都很讲究，好像只等着春风化雨，它们就会发芽吐绿，迅速融入光谷一初，和其他银杏树一道茁壮成长。

不到两周，西边的那棵就长出了新叶子，正如我所愿。 可一场大风吹歪了它的树干，我们也不敢马上扶正，急于扶正可能会弄断它刚长出的嫩根，须让它的根扎得更深，完全成活后再想其他办法扶正。 东边的那棵则一直静悄悄地立在那儿，没有动静，我很是担心。 我近距离地观察过好多次，没有一点吐绿的迹象。 丁校长告诉我，有的银杏树今年栽，明年才会发芽，我半信半疑。 负责绿化的王师傅把回的土扒开晒干，又撒上一些生根剂，做足了功课，却也未见起色。一天又一天，我去看它的次数少了，偶尔去看它也依然如故，我渐渐地失去了兴致，甚至想明年春天把它挖掉再新栽一棵。

一个雨过天晴的傍晚，我独自一人在操场上散步，惊喜地发现被我遗忘已久的这棵银杏树在沉寂了三个多月后，终于嫩芽初上、含羞吐绿了！近百天的坚守，近百天的等待，终于看到了希望！顿时，喜悦和感动涌上心头……

这也让我回忆起去年深秋的景色。秋天的银杏是光谷一初的风景，银杏广场总是那样让人迷恋。一叶知秋，满地金黄色的叶子、现代化的学校建筑、阳光进取的师生彼此映衬。校园内的银杏，每一棵变黄的时间都不相同，一抹抹金黄在校园内慢慢流淌。我想：这样多好啊，逐渐成熟，慢慢变黄，此起彼伏，让人感受着银杏生命之美、校园灵动之美、自然和谐之美。

一场冬雨后的清晨，天还没有全亮，我来到学校，发现广场北边的银杏树，原本叶子还是绿色的，一夜之间竟全部掉光了。这让我大吃一惊——我一直以为银杏树叶都是黄透了再掉的。广场南边先变黄的那一棵倒还有一些黄叶挂在枝头上，在初冬的微风中摇曳着，特别显眼。

生活中有很多意外，令人感叹。银杏树如此，人的生命和成长亦是如此。光谷一初的每一棵银杏树都在用自己的方式、自己的姿态在生长。三个多月的等待是为了积蓄能量和营养，对自己负责，给大家惊喜。黄叶的坚守是为了自己的价值和美丽，不屈不挠，独守宁静，笑看风雨。

来到光谷二初，校园西边也有两片银杏林，一片在体育馆旁，一片在行政楼后。我选了银杏树相对集中的地方，和同志们装上好看的木栅栏，放上几把木制户外座椅，种上桃树、橘子树和石榴树，又运来一块大石头，分隔出了一个"世外桃源"，取名为"杏园"。这是一个闹中取静的地方，老师们忙里偷闲时可以坐在这里聊聊天，学生会三三两两来到这里看看书，享受银杏树下的安静与美好。 来这里捡黄叶的女孩，不知是要把树叶做成书签，还是送给最好的朋友……在教室里待久了，大家都想走进大自然、亲近大自然。 夕阳西下，穿过木栅栏的温暖的阳光，银杏树的片片黄叶，自然成为校园里美丽的风景，静谧且温馨，见证着二初的欣欣向荣和日新月异。 校园的美是需要创造的，是需要发现的，是需要用心来感受的。

　　学校就像是一片森林，每一棵树在雨里生，在风里长，在阳光下呼吸，在自然中成长。 老师或许就是那些银杏树，只为了一个美丽的等候，坚守教坛，通过自己生长和光合作用，释放氧气来教育学生和服务社会。 学生就是一棵棵小树，他们有的粗壮、有的细嫩，千姿百态，没有两棵树是完全相同的。 在同一片森林里，当看到别的树努力生长的时候，没有一棵树的生长欲望不会被激发出来。 今天种下一棵树，希望就在美好的等待中；今天唤醒一棵树，明天便绿了整片森林。

　　校园里的银杏树有着自己独特的气质，高洁、无私、坚韧，让人喜欢和向往，陪伴着校园里的大家行健致远，志洁行芳，追寻梦想……

2　学习力决定发展力

　　教师是一个需要终身学习的职业，校长更应该是一个需要终身学习的岗位。 校长的学习力和反思力，决定了其工作能力和格局，也决定了其工作成绩，决定着学校的发展。

　　在农耕文明时期，一个教师只要学几年，就可以教一辈子，私塾先生就是典型代表；在工业文明时期，一个教师学十几年，也可以教一辈子；而在今天，一个优秀教师和学校管理者有着许多的特征，但有一个特征是必不可少的，那就是持续学习的能力。 教师如此，校长更应该如此。

　　学习的路径有很多，可以从书本上学，可以从网络上学，可以向身边的同事学，也可以走出校门向名师和名校长学。 向优秀同行学习是一种成长的便捷方式。 现在，我们走出校门的机会比以前更多，参加学习和培训的机会也更多。 但实际情况往往是参加的学习培训多，听得多、学得多，回来后的行动却不多。 "不适合我们校情"似乎成了不去反思和重建的惯用借口。 但仔细想来，学校工作哪能有那么多可以轻易照搬的经验？ 有很多东西是要校长结合自己学校的实际再思考、再设计、再提升的。

　　有两件事对我的触动比较大。 一件是 2017 年我参加湖北省教育厅组织的中学名优校长考察团赴美国学习，在弗吉尼亚州、纽约做了一个月的"影子校长"。 结束后，有的人认为美国的基础教育不过如此。 我认为，美国的基础教育确有不如我们的地方，但也有不少的亮点。 比如无痕的爱国主义教育，对学生综合素质的培养，对特殊学生的高度重视和托底的教育，真正体现了"不让一个学生掉队"。 在比较中反思，在尊重中前行。 虽然国情不同，但教育目标是一致的，管理思路也是相通的。 只要有一双用心的眼睛，肯定会发现值得我们学习的东西。 我们也到了北京的中国人民大学附属中学、北京十一学校去学习，学校高端大气，办学成果丰硕，令人敬佩。 虽然学校规模不同、办学水平不同，但我也找到了一些有启发、能借鉴的东西。 我们学习的是思路、是方法，而不是简单的结果。

另一件事是我带着学校的行政团队到光谷实验中学学习，受到了马国新校长的热情接待。 我们参观了校园，观摩了阳光大课间活动，听取了学校管理和文化育人的经验介绍，我收获很大。 但是随行的同志轻轻地说："实验中学已经走到了前面，我们学校规模小，这些不符合我们的校情。"我非常纳闷。 我认为，光谷实验中学至少有四点值得我们学习和借鉴：一是实验中学师生的精气神和工作标准，二是实验中学学校文化提炼和实践的路径，三是实验中学教学质量提升和突破的方法，四是实验中学课程开发的理论与实践。 光谷的不少兄弟学校和我们的环境相似、困难类同，所以这些学校同行们的经验特别值得我们学习，他们走过的路、破过的局，更值得我们思考和借鉴。 当我们轻飘飘地说出"不符合"的时候，就已经失去了很多宝贵的信息和机会。 同行的每一项经验和做法，都有自己的价值。

学习的收获首先取决于观念。 不管是什么时候、在什么状态下，保持学习，追求属于自己的人生目标，不断努力向上，你才会发现适合自己的东西。 瓶盖不打开，永远也喝不到里面的水，得不到自己想要的东西。 学习观念就是这个瓶盖。 学习的收获也取决于自己的视野。 视野不同，学习的收获就不同。 当我们带着自己的问题去听、去看、去问时，总能了解一些问题背后的故事，找到一些解决问题的方法和思路。一次学习和参观，总会有几个亮点或经验，能让我们认同、点燃我们的内心，为我们的工作提供新的思路。学习的收获，更是来自自己的实践。学习的价值在于借鉴、在于行动。当好的创意与学校实际结合，就能提升工作质量和品质，让成长看得见，带给我们一个又一个的惊喜。拥有良好的学习观会让我们不断进步、不断成长。

多观察身边的人和事，多学习他人的优点和长处，找准切入点，再为我所用——教学应如此，学校管理亦应如此。我始终相信：选择了学习，也就选择了进步！

学习力决定发展力，让持续学习力成为我们的必备能力！

3 擦亮每一个日子

春天，武汉市教育局在我校召开校园绿化美化工作现场会，借此机会，学校为各办公室添置了绿植，大大小小百来盆，五颜六色，争奇斗艳，煞是可爱。

人总是热爱生命、喜欢绿色、钟情于美好的。上学期教师办公室也添置了一些花草，数量比较少，但我感受到了老师们对盆栽的呵护和喜爱。之前，教师办公室比较简陋且没有生气，老师们整天备课、批改作业、辅导学生，气氛严肃，容易紧张和疲惫，有了这些绿植，老师们繁忙之余也可以在温馨的环境里放松和静思。

这次买回的绿色植物，有三盆"绿巨人"很难养。刚来到学校的时候，它们还是挺精神的，不到两天，就开始蔫了。后勤的同志把它们搬到我办公室前的阳台上，让它们多晒太阳，但效果并不明显。路过的师生都为它们惋惜，或叹息，或用手抚之，但也有不怎么懂事的学生掐去它们为数不多的绿叶，真是雪上加霜、伤痕累累。

我把有些好转的一盆先搬去了办公室，而剩下的两盆一直打不起精神，每况愈下，连叶子都垂到了地上。我不想放弃，为了挽救它们，将它们也放进了办公室。仔细观察后，我发现它们装盆时土没有放够，原来带土的根部与花盆中的泥土没有生长融合，树干一摇就摆动，而且没有放正，浇水的时候根部肯定吃不着水。

放学后，我拿了一个簸箕、两个方便袋到操场西侧的土堆旁取土。

回来后，我把植株扶正，把盆里的土放足、夯实，还浇了水。我又拿起剪刀，剪去已经完全坏死的叶子，既为了美观，也为了让为数不多的叶子能更好地吸收营养。剩下的，就只能交给时间了。第二天早上，我迫不及待地来到办公室，看到它们的叶子开始有劲、舒展了，这种感觉真好。过了一段时间再看时，它们已经和刚来时一样，充满生机、亭亭玉立了。

两棵快死的"绿巨人"，经过重新培土、浇水、剪枝，加上我对它们美好的期待和关注，终于焕发了生机。花犹如此，那人呢？叶圣陶先生说，教育是农业。在教育实践中，我对叶先生的论断有了更深的认识。教育的对象是一个个有生命的孩子，教育就是让每一个孩子个性化的生命成长和绽放的过程。教育需要精耕细作，其劳动程度和工作精细水平决定着收获的质量。当产量不高、质量不精的时候，我们没有理由去责怪农作物；同样，当学生出现问题的时候，我们也不能把责任全部推给他们，更应该想一想：我们有没有提供适合他们成长的环境？我们是否掌握了教育的"节气"？

教育是什么？一位七旬院士回到他的母校，说了自己的成长故事。七岁时，因为转学要离开，临行前老师的一次有力的拥抱，让他觉得教育是一种关爱；读四年级时，他成绩差，老师一次真诚的家访，鼓励了父母和他，让他认为教育是一种期待；初一时上课开小差看《三国演义》的"单刀赴会"，老师不仅没有没收他的书，还把"单刀赴会"的故事讲了五分钟，让他觉得教育是一种宽容；初三晚自习时，老师们的默默守护，让他感受到教育是一种陪伴……这些时刻，教育就是一种激励。

静下心来思考，我认为现在的教育确实应该多一些"农业思想"，多一些"园丁行为"，要读懂学生、真心关爱学生，让每一个孩子在校园中都能接受阳光雨露的滋润，快乐成长。擦亮每一个日子，呵护每一个学生，就是教育的全部。孩子每一天的成长不可逆转，教师每一天的生活也不可重现。

每一个生命都是有价值的，每一个孩子都是独特的。 因此，教师的视野、爱心和价值观就格外重要。 教育是为了立德树人、培育英才，我们也更应以教育为镜，认识自己、改变自己、成就自己。

投身教育者，应该有批判性的独立思考，有敏锐的自我觉知，有终身学习的态度。 学生学会思考、选择，拥有信念、自由，是教育的关键目标，也是学生获得幸福的终极能力。

叔本华曾说："我曾愚蠢地认为，歌唱得好、字写得好、文笔好、球打得好，抑或某一方面有特长就是有才华。 后来才发现，灵魂觉醒、思想升华、人格独立，才是真正的才华。"对一个孩子的教育，应该是发自内心、尊重其人格独特性的。

学校教育千姿百态，但总是备受期待的。 一个人接受了什么样的教育，就会有什么样的人生。 不同的教育，成就不同的人生——教育的责任就在于此。

4 提升中层干部的能力与素质

在校长岗位上工作了 20 多个年头，我先后在 5 所学校任职，了解了乡镇、县城、省城不同类型的学校，与不同特点的副职搭过班子，也发现并培养了一批干部，促进了学校的发展和进步。

学校发展，赢在中层。 中层干部是学校的中坚力量，承上启下。 学校工作思路明确了，执行情况如何关键在于干部。 作为校长，如何选人、用人，如何提升中层干部的能力与素质，如何打造一支务实创新的中层干部队伍，是我一直思考和探究的问题。

提升中层干部的能力与素质，是每一个校长所盼的，也是每一所学校所需的。 对此，我有三个方面的思考。

第一，要把好中层干部的入口关。 要将业务能力强、认可度高，想干事、能干事的教师选拔到中层管理岗位上来，但也要兼顾学科平衡，坚持宁缺毋滥。 选对一位干部，就会激活一块工作，这是不争的事实，干部的水平体现了学校的水平。 我们要把干部的精神状态作为选拔的重要条件，在工作中，主动作为和被动应付是完全不同的两种状态。 精神一变天地宽，人的精神上来了，很多困难就可以迎刃而解，并且，这种精神是可以传递的。

同时，"流水不腐，户枢不蠹"，要有完善的中层干部轮岗机制和提拔机制。 提拔优秀者，再补充新的优秀人才，把他们放在最合适的位置，用人所长，这样才能让干部队伍不断"充氧"，充满活力。 用人也是一种导向，是学校文化的一部分。

第二，要组织好对中层干部的培训。干部培训要制订标准、给出范本、强化训练、及时评价，这样才能攻克工作中的难题，学校的全面提升才有希望。校长的示范引领非常重要。罗曼·罗兰说："一个人对别人的影响，绝非靠语言来完成，而是靠精神来完成的。"校长的权威从哪里来？答案只有一个：带头奉献，亲身示范。上行下效，才能行稳致远。校长的示范引领又主要体现在精神和行动两个方面。

光谷一初每次的党政联席会，第一个议程就是集体学习，由一位行政干部领学自己动笔原创的文章。这项活动，大家一起坚持了四年，积累了不少好文章、好经验，逐渐形成了自己的培训文化。

刚到光谷一初的时候，我就开始抓行政干部的学习。第一学期 19 周的集体学习，全部由我领学。我每周写一篇文章，谈对学校工作的所思所想，谈对教育的观察和期待。文章《修建好自己的码头》《做一个有"钝感力"的校长》等，讲的都是校园里的人和事，和同志们交流起来亲切而轻松，也能展现我的一些工作思路、思想。

第二学期我要求大家轮流领学主讲。有了我的示范，同志们准备得非常认真。从理论到实践，从标准到细节，从观察到思考，他们总能结合学校实际提出有价值的建议，总能发现值得深思的问题。集体学习激发了干部队伍的潜能，实现了与学校发展的同频共振，《幕后的风景》《山不过来，我就过去》等一篇篇深度好文切中要害、发人深思，能有效指导学校工作。我们把不少好文章拿到教师会上分享，他们的观点和干劲影响着越来越多的人。

管理是有节奏的。管理如同爬山，路径的选择固然重要，但行进的节奏、与谁同行也不能忽视。管理要轻，轻拿轻放，要坚韧，要持之以恒。一件事情做久了，一种培训方式长期坚持了，就会成为生产力、成为文化。

　　第三，要提升中层干部的执行力。 中层干部的执行力来自持续学习和独立思考。 学习政策法规、教育方针，学习教育思想、教育动态是提升执行力的基础。 习近平总书记说："领导干部选择了学习，就是选择了进步。"善于反思和独立思考，才能不断改进工作，不断提升执行力。而中层干部的学习力和反思力，决定了自己的工作能力和工作格局。 要多观察身边的人和事，多学习兄弟学校的经验，并找准切入口，为我所用。 学习的收获取决于观念，学习的价值在于借鉴和行动。 好的创意与学校实际结合，就能促进工作，提升教学质量，让成长看得见，带给我们一个又一个惊喜。 因而，学习力和反思力一定要成为中层干部的必备能力。

　　中层干部的执行力来自对岗位的责任感与担当。 校长的任务不在"管人"，而在影响人。 中层干部也是如此。 要唤醒中层干部的危机意识，唤醒他们的工作热情，明确告诉他们往哪儿走，要怎么干，风险是什么；要减少管理层级，实行扁平化管理；要合理授权，分解中心工作，目标激励，重心下移，做好后盾，及时化解矛盾，让他们轻装上阵——负担过重必然使工作流于浮浅。

　　中层干部的执行力也来自有效的沟通。 我以为，合适的语言会有无穷的能力。 沟通是一种能力，也是一门艺术。 每一次有效的沟通都要有明确的目标，都要有信息、思想和感情的传递。 有效的沟通能统一思想，推进工作，化解矛盾，提高执行力。 中层干部须向上汇报工作，与教师沟通工作，这一上一下的交流十分重要，既要把精神领会透，还要让工作落地。

　　学校的主体是人，包括干部、教师、学生等。 大家的学习状态、工作状态、生命状态决定了学校的氛围和文化。 教育是唤醒的艺术，唤醒每个人内心深处的自尊、自信和激情，是每一个校长的不懈追求。

5 做一个有"钝感力"的校长

日本作家渡边淳一的《钝感力》一书让我认识了"钝感力"这个词。"钝感力"可理解为"钝感的力量"。"钝感"虽然有时给人迟钝、木讷的印象，但我觉得钝感力是取得工作突破和赢得美好生活的方法和智慧。"钝感"的反义词应该是"敏感"，而过于敏感我们就会没有自我、失去方向。

作为一位校长，要提升自己的钝感力，少受外部因素的影响，对学校工作要有自己的坚持。 前行的动力应来自对教育事业的热爱与执着，来自对教育规律的明晰与坚守，来自对教育理想的追寻与实践。

一位有钝感力的校长，一定会痴迷于校园生活，一定会关注教师发展，一定会躬耕于学生成长，一定会执着于学校质量的提升。

校园是一个相对独立的天地，又与社会有着千丝万缕的联系。 一位校长，可能无法改变浮躁的社会文化，但可以影响并建立一个宁静、充满求学氛围与执着于理想追求的校园。 校长的生命与生活应该融进学校的生活与节奏，校长的岗位在学校、阵地在学校，宁静是校长的职业特征。

行走在校园里，须认真观察学校生活常态，静静地看、静静地想、静静地做。 在校园的时间多了，自然会有思考、思路。 行走在校园里，欣赏校园的风景，聆听成长的故事，驻足不同的课堂，也一定会看到理想与现实的矛盾、纠结，在困惑的推动下，校长便有了更深入地学习和研究的主动与自觉。

2003 年,我到江苏省泰兴市洋思中学参观学习,见到了受人尊敬的蔡林森校长。 他吃住在学校,行走在课堂,提出了"没有教不好的学生"的理念,构建了"先学后教,当堂训练"的课堂模式,形成了"堂堂清,周周清,月月清"的落实办法,取得了优异的办学成绩, 成为全国初中的榜样。 蔡校长是一个"痴迷"于校园的人,总是在思考问题、解决问题,乐在其中。

光谷实验中学的马国新校长,不事先联系也总能在校园里找到他,好多节假日他都在学校写作、思考,寻找学校突破的路径。 他首先提出"教育是帮的艺术"的办学理念,和全校师生一道找到了学校的教育语言,教学质量和教育品质逐年提升。 如今的光谷实验中学,已成为一所极具影响力的学校。 痴迷于校园是许多名校长的特质。

2002 年 9 月,我临危受命,担任了仙桃市胡场一中校长。 当时胡场一中教师们的情绪非常低落——中考成绩欠佳,在与胡场二中的竞争中处于下风,对方门庭若市,我们门可罗雀。 在最困难的时候,师生都缺少信心和希望。 我认真分析形势并及时和教师们交流:生源高峰即将到来,只要我们挺住不放弃,抓好内部管理,提升教学质量,肯定有机会。面对重重困难,钝感力让我们执着前行。

我喜欢待在学校。 校长在学校,安全就又多了一道屏障。 我带头上毕业班的主课,和教师们一起奋战。 上课的感觉是快乐的,可以让人忘记很多烦恼。 我和教师们一起戴草帽、骑单车到偏远的村庄招生。一大批受到重用的年轻教师主动向骨干教师看齐,在实践中总结出一套完整的"培优补差"方案,该方案后来被写进了仙桃市教育局教学管理的指导意见。 几年下来, 大家齐心协力,把"培优补差"做到了新高度,胡场一中中考成绩大幅度提升。 李娟、马利勇等四位同志如今已经成长为市级学科带头人,在新的岗位上发挥着自己的价值。 我们把历次"培优补差"活动和质量分析的资料编辑成册,命名为《品味考试》,供后来者借鉴参考。坚持"把一壶水烧开"，关键矛盾突破了，老牌的胡场一中又重新焕发出了生机。

一位有钝感力的校长，必定会关注教师的专业发展。教师是学校宝贵的资源，校兴靠质量，质优靠教师。但教育效果是有延迟的，没法像有的工作那样立竿见影。十年树木，百年树人，等待是必须的。教师的内心都是渴望被尊重的，当他们成长的内需被唤醒时，成长便不可阻挡。

教师专业发展的"油门"在哪里？一般的驱动方式有师徒结对、听课评课、听专家报告、写体会随笔等，李希贵校长认为，关键的驱动点是"分享"。我们在校园里搭建不同的平台，开办教师讲堂，举办教育年会，让大家把"干货"拿出来分享。分享的平台越多，教师们的收获会越多。对教师来说，平时的写作也是不可少的，写作又离不开阅读。说过的话会随风而逝，实践和反思后写出的文章才会历久弥新。

2008 年 8 月，我出任胡场二中校长。胡场一中、二中均地处仙桃城郊，却没太受到城区教育"虹吸效应"的影响。两所学校既是竞争对手，也是仙桃乡镇教育的"双子星"。我曾经在胡场二中工作过 9 年，对这里很熟悉。到任后，我直接从教师培训入手，组织骨干教师赴南京东庐中学学习"讲学稿"的编写，一月组织一次青年教师研做中考题，高规格地组织了首届"教师四项全能大赛"，让教师在上课、考试、书法、演讲等活动中充分展示自己。演讲比赛在学校操场上举行，全校师生参加，评委级别之高、参会人员之多、奖励分量之重，都是前所未有的。这让参赛教师们倍感荣耀，也唤醒了更多教师向上的动力。

学校汇编的第一本校本教材《永怀希望》，记录了大多数教职工"我们这十年"的荣誉。教师的文章出现在课堂上，让学生有新鲜感，让教师有荣誉感，也更加坚定了教师在专业上的前行之路。三年间，我还参加了仙桃市的两次校长公开招聘考试，一次是竞聘仙桃十中校长，一次是竞聘仙桃二中校长。钝感力让我不刻意隐藏，两次面试我都带领班子成员全程观摩。在我看来，这样级别的面试就是真实的、最好的培训，两次竞聘我都取得了第一名的成绩，没有让同行的同事失望。

一位有钝感力的校长，必然会执着于学生的全面发展。全面贯彻党的教育方针，全面实施素质教育，全面提升教育质量，应该成为校长的工作原则。学校的一切工作都应指向学生的成长。自然，办好人民满意的教育，分数和考试是不能回避的问题，因为人民对学生升学是有期盼的。但素质教育与应试是可以兼顾的，不能将二者绝对对立；如果两者对立，既不能理直气壮抓应试，又会片面理解和窄化素质教育。过于激进和片面的教育，自然不是真正的教育。作为一名中学校长，很多时候我会问自己："学生成绩怎么样？分数是怎样取得的？学生除了分数，还有什么？"

仙桃二中是一所省级示范中学，是新加坡在华招生优质生源基地，是很多家长心中"清华、北大的摇篮"。在仙桃二中工作 7 年，是我教育人生的一个重要阶段。仙桃二中底蕴深厚，名师众多，人才辈出，在这里学习、工作有一种由衷的自豪。但我发现学生课业负担过重、睡眠不足是一个严峻的问题。我适时提出了"阳光教育，全面发展"的理念。"阳光教育"就是用阳光之心，育阳光之人，就是要面向全体学生，促进学生全面发展。我们加强体育、音乐、美术等薄弱课程的校本化建设，保证课时和质量，保证活动的品质。我们把"一路阳光一路歌"校史展馆由室内搬到学校文化广场，重新设计"心有阳光，桃李芬芳"名师墙以及阳光学生、阳光活动的展示长廊，拍摄并播放《遇见阳光》学校形象宣传片，让更多人驻足，让"阳光教育"落实到学校常规工作中，浸润着校园，激励着广大师生。学校始终围绕着"立德树人"和"全面发展"的方针来开展教育，设计、组织了足球联赛、劳动技能大赛、班歌赛、经典朗诵大赛等活动，让学生走出教室，走向大自然，走进阳光里。

学生活动更加丰富、更具感染力了，学生会更加向往校园生活，师生亦更加阳光。 校园需要阳光，教育需要阳光。

一位有钝感力的校长，必定会躬耕于学校的发展提升。 争政策、出思路、用干部、建文化、谋发展是校长的职责。 每一所学校都有发展的要求，学校的发展又会受限于政治、经济、社会等方面的条件，学校只有不断发展，与时代接轨，才会充满生机和活力，才会体现自己的价值。校长要创造发展机遇，抓住发展机遇，聚焦内涵发展，增强发展韧劲，让学校行稳致远。

2018 年 8 月，我作为人才被引进到武汉市光谷九峰中学工作。 不到一年，光谷九峰中学正式更名为光谷第一初级中学。 这是组织的鞭策，更是殷切的希望，但也受到了一些质疑。 高质量发展，接受新的挑战成为光谷一初的主旋律。 我们顺势而为，破解发展难题，打开教师入口，调整生源结构，增强内生动力，提振队伍精神，提升教育质量。 学校快速优质发展是自身的需求，更是时代的呼唤，光谷一初地处光谷中心城，须承担起更重的社会责任。 短短几年，学校增加了近千人，教学质量实现新突破，学生回流明显，社会口碑又上新台阶。 一所学校的发展，没有捷径可走，既要有明确的方向，又要有科学的方法，更需要创新的精神和超然的付出。 走上坡路很累，但会很愉悦，因为心中充满期待。 站在更高处，我们能看到更美的风景。

2022 年盛夏，组织调我到武汉市光谷第二初级中学工作，这是我任校长的第五所学校。 以往的办学经验和教训，沉淀为对当前教育的思考。 光谷二初是东湖新技术开发区托管较早的一所学校，有良好的办学基础，承载着光谷经济、社会发展的新希望。 要想得到家长和社会的全面认可，必须迅速提升教育质量和办学品质，打开新局面。 学校要发展，思想得先行，"教育为人生"的办学理念得到了老师们的认同，"动教育"的实践开启了师生行动。

2023 年中考普高上线率"破六"，2024 年中考普高上线率"破七"，光谷二初一年一大步，回应着老百姓的关切。 中庭水景、致远长廊、客厅式书屋、杏园等成为师生流连的地方；阅读节、科技节、体育节、艺术节、无课行动、56 个社团等，让每一个学生都能展现最好的自己；"动教育"教师讲堂、"3X 时光成长计划"、"心灵自留地"读书会成为教师的精神家园，学校精神日益振奋，蓬勃向上的生机在校园里慢慢流淌，更多的家长愿意选择二初这样一所"未来可期"的学校。 七（7）班小妙妙同学在家校本上写道："2024 快到来了！ 来到二初，经历了很多，在这所学校，我真的很快乐。"我能感受到她的开心。 办一所让人心动的学校，首先不就得让学生感到快乐、愿意来上学吗？ 二初于学生正是这样的存在。

教育是关于爱、成长和未来的事业。 做一位有钝感力的校长，要时刻牢记和践行党的教育方针，要永怀希望，戒掉浮躁，坚守规律，执着前行。 钝感力就是要我们看淡教育之外的东西，减少外界对我们的影响，集中精力抓好有关教育本质的问题。 保持对教育的良好的钝感力，会让我们的学校走得更稳、更远。

有人问贝聿铭先生："你怎么看待外界对你的挑剔？"贝老说："我从来没有考虑过这些问题，因为我一直沉浸在如何解决自己的问题中。"每一个人都应追求这样的"贝聿铭时刻"，这就是"钝感力"。

6 光阴的故事

　　时间是上天送给我们的珍贵礼物，时光的味道，在光阴的故事里。教育工作是一条永不停歇的涓涓细流，创造、见证着我们平凡而有价值的生活。

　　光谷二初在办学历程里，面对过很多次选择。九年一贯制办学、新校异地重建、初中小学剥离、托管于华中科技大学附中、回归自主办学……从偏远地区学校到中心城区学校，学校规模从几百人到两千多人，普高上线率从30％到70％，回想起来，有许许多多个"想不到"。

　　我们曾经抱怨，建新校时为什么只设计了24个班的规模，现在仅多功能教室都要这么多了。但细想，那个时期学校周边都是农田，谁也难以预料未来20年光谷会发生怎样翻天覆地的变化。学校是时代发展的一个缩影。

　　作为二初人，见证学校的发展壮大，是一件很幸福的事情。昔日的学生、家长不愿选择二初，我们招生时总是受到冷遇，一句"不好好读书就去读二初"令人心碎；昔日的"二初之问"仍时时敲击着我们的心灵，学校不能只有分数，我们努力寻找着学校突围的方向。

　　我们没有选择按部就班，关键的时候总是有人站出来。以张大勇、王正为代表的一群二初人，向内部挖潜，让普高上线率艰难"破六"，大大提振了全校上下的信心。以夏胜利为代表的一群二初人，超越自我，让普高上线率奇迹般地"破七"，让大家看到了一个蒸蒸日上的光谷二初，为学校在强手如林的光谷教育中站稳脚跟争取了宝贵的时间和空间，也为学校未来高质量发展书写了无数种可能。 以汤金华为代表的一群二初人，重新出发，积蓄力量，迎接着新的希望……7月1日傍晚大雨滂沱，光谷二初校园里一波又一波的烟火，照亮了创业街的夜空……

令人振奋的数字背后，是每一个二初人负重前行的背影，是教书与育人的完美融合，是我们破茧成蝶的故事——但这只是光谷二初步入发展快车道的开始。 学校生源与质量的关系，一直有人在思索探究，不论结论如何，关键因素是人。 每一次破局都是一次重生，我们正在成为一所有故事的学校。

没有阵痛，就没有发展。 理念有别、课程质量待提升、师资不足等，都是实实在在的难题。 学期中若有教师请假、岗位调整，都不是容易处理的事，牵一发而动全身，一位教师岗位的变化，就须有多位教师补位。 学校如家庭，很多困难需要我们自己解决、内部调整。 好在关键时刻，总有人站出来。 谌海勤、赵娟、汪忠恩、宫思维、刘文君、柳燕等同志，解学校之难，多线作战，交出了令人满意的答卷。 这是一个温暖而有担当的集体。 选择了教师这个职业，也就选择了崇高。 没有显赫一时，没有流芳百世，有的只是年复一年的默默耕耘。 付出总会被看见的，这也在逐渐成为我们的学校文化。

热爱才是最好的老师。 学校里最美的风景，不在校园里、不在墙上，而在每一个学生的心里。 好多教师在二初工作了一辈子，好多教师也将在二初工作一辈子。 他们选择了这所学校，二初就会成为他们生命中重要的一部分，大家朝夕相处、荣辱与共。 爱二初、爱学生，就是爱我们自己。 教师们是行者，步履轻盈，在教育的路上，脸上带着笑容，心中充满阳光，行囊中是为学生准备的理想、智慧、激情、诗意与力量。朴素比"特色"更美丽，良心比"品牌"更珍贵。 在学生们的心中，一定收藏着关于校园故事最美的画卷。

学校的活动渐渐多起来，参与的学生也慢慢地多了起来。 科技节是广受师生欢迎的，回过头来复盘，我们发现这样的活动并没有影响学生的文化成绩。 九年级的李家旗想造火箭，是受同班同学陈卓奕这个"火箭疯子"的影响。 科技节上，他以能升空 15 米的水火箭惊艳全场。 李家旗的目标是上北京航空航天大学，将来能为国家造火箭。 后来，他以638 分的好成绩考上了华中师范大学一附中，一直行走在追梦的路上。因为一项活动而爱上一个专业，拥有了梦想和家国情怀，这就是教育的魅力。

人生贵在坚持。 没有一份胜利和成功的得来是简单的，想要获得多少，就得付出多少，路的尽头一定有礼物。

我和同志们坚持"3X 时光成长计划"，每日创作 200 字"微书"，已快一年的光景。 说过的话会随风而逝，思考与实践后写下的文字才会历久弥新。 在"夏风教室"里，有一群人每天坚持写作，用平和的心态来看教育、看生活、看世界，不知不觉中，文字已成为我们生命的一部分，光阴的故事在笔尖流淌。

读书随处净土，闭户即为深山。"心灵自留地"读书会是老师们自己起的名字，是读书人的心灵驿站。 一群人在这里读书、说书，聊教育、生活，不功利，望远方，放慢脚步，且行且思。 这种忙里偷闲的读书方式，自然且惬意，"自留地"里一定有不一样的收成。 人生的意义在不断体验、创造，在挑战自我，在慢慢品味人生的故事。

每学期教师到校的第一天，是我们举行"动教育"教师讲堂的日子。思想决定行动，教师讲堂的主题丰富多样，从"教育为人生""办一所让人心动的学校"，到"落在生命里的光""花开在眼前"，再到"光阴的故事"，每位教师都能站到舞台中央。 一路走来，近百万字，是生活的积累，是教育的智慧，是不放弃的坚持，记录了无数教育和生活的动人瞬间。 时间久了，它们就会累积为一种文化，力量就会彰显。

生命是需要音乐的，校园里也是需要音乐的。 我们的管乐队和合唱队即将组建，这是心动学校建设的新鲜元素，值得期待。

从光阴的故事里，我听到了心灵的自由和世间的美好，我读到了选择、热爱和坚持的意义。 二初人对教育的选择、对学生的热爱、对事业的坚持，也永恒地流淌在光阴的故事里。 叶圣陶先生说："教育为人生。"其实，教育就是人生。

一江秋水，依旧清澈澄碧；两岸的秋山，依旧伟岸挺拔。"流水它带走光阴的故事，改变了我们，就在那多愁善感而初次回忆的青春……"愿动人的音乐常在，光阴的故事永恒……

7　又是枇杷橙黄时

一年的 5 月 18 日，离初三复学还有两天，我吃完饭，准备走图书馆后的小路回办公室。这是一条安静的小道，一路绿树成荫、鸟语花香。经过枇杷园，偶遇几位女老师正在采摘枇杷。校园内 20 多棵枇杷树长势良好，抬头望去，一串串橙黄的枇杷在温暖的阳光下闪闪发光，煞是喜人。成熟的枇杷自然也成了鸟儿们的美食，鸟儿们在林中尽情地享用果实、歌唱，给一初校园增添了许多生机，这里是人与自然和谐共生的桃花源！

我记得早春时，玉兰花开，银杏树吐绿，枇杷树也开始挂果。在这安静的春天的校园里，我还惊喜地发现，竹园一楼实验室窗台的角落里有一个新筑的鸟巢。鸟巢的主人俨然忘记了这里本应是学生的乐园，丝毫没有察觉到危险，把鸟巢筑到了一楼窗台的角落。这引起了我的兴趣。小时候上树取过鸟窝，也在大树树梢上看见过鸟巢，我感觉鸟巢总需仰望且带着一份神秘，能这样近距离地观察实在难得。之后，每次到学校，我都要先去静静的竹园看看我惦记着的鸟巢。鸟儿下蛋了，那蛋看起来只有鹌鹑蛋四分之一大小。一开始是两枚小小的鸟蛋，然后到四枚、五枚……每次来，都会有变化和惊喜。学生们没有返校，春天的竹园也少有人来打扰，鸟儿们便觅得了如此佳处。

四月一个晴朗的下午，我终于见到了鸟巢的"主人"。它正安静地坐在巢中，看样子正在孵化着下一代。我不忍心打扰它，只远远地看着。 它的毛色似是黑白相间，长长的尾巴，正是我印象中喜鹊的样子。
五一时我再次去看，五只毛茸茸的小鸟已经破壳而出，嗷嗷待哺，竹园
里又添新生命。 我想，在 5 月 20 日学生们返校之前，它们定能飞回林
中，自由快乐地成长。 枇杷园与竹园相邻，正适合它们。 真盼望它们拥
有自己的精彩，也守望着学生们的爱、成长和未来！

这边，老师们递过几颗刚摘的枇杷让我品尝，我才从喜鹊的记忆中
回过神来。 我接过枇杷，剥皮入口，果汁甜中略带酸味，沁人心田。 这
枇杷竟与我之前吃过的滋味完全不同，记忆中枇杷是酸涩得难以入口
的。 原来，非得等待阳光的照射足够， 时间的酝酿足够，才能结出美味
的果实。 耐心等待是不可少的，教书育人也是如此。 火候不到、阳光不
足，果实就不饱满，味道就不正宗。

2011 年秋，我担任仙桃二中校长。 这是一所省级示范中学，是新加
坡在华招生优质生涯基地，也是当地学生、家长非常认可的一所学校。
美丽的仙下河从学校旁流过，门前的长虹路见证了历届学子的拼搏与成
长。 枇杷树是长虹路的行道树，有大大小小的枇杷树 100 多棵。 进入
五月，枇杷逐渐泛黄，开始成熟，宣告着高考季、中考季即将到来，学生
和老师们便开始了更加紧张的备考。

附近的居民们也忙碌起来，开始采摘枇杷。 枇杷属蔷薇科，一般
秋天或初冬开花，果实在春末夏初成熟，是"果木中独备四时之气
者"。 成熟的枇杷味道清甜，营养颇丰。 中医认为枇杷有润肺、止咳
的功效。 枇杷叶亦是中药的一种，晒干后可入药，有清肺胃热、降气
化痰的功效。

人们摘枇杷的手法各不相同，有架梯子上树摘的，有用竹竿敲打使
果实掉落、倒着撑开雨伞接的，有在竹竿顶端挂一网子像抓知了一样摘
的，更粗暴者直接爬上树，恣意折断树枝取果，罔顾枇杷树死活。 往往
六月末至，好端端的枇杷树就伤痕累累，只剩残枝败叶。 人成熟的标志

是感恩，有的人在品尝枇杷甜美的果实时，却没有应有的感恩，更没有顾及枇杷树的伤痛，因而每年枇杷成熟采摘季，也是我伤感之时。

我曾经把受伤的枇杷树的图片发给媒体求助，效果不佳。枇杷树守望着长虹路，长虹路守护着仙桃二中，它们早已成为仙桃二中的一部分。想到我们的教师，我们的同事，他们又何尝不是如此？一生勤勤恳恳，年复一年燃烧青春，桃李无数，却也在不经意中伤痕累累。职称晋级之累、校园安全之累、社会误解之累等，都在冲击着我们。因为这些，很多家长已经不再支持自己的孩子选择教师这个职业。如果老师都不让自己的孩子当老师，教育行业岂非后继无人？好在今日，教师的地位不断提升，尊师重教的氛围逐步形成，这是社会巨大的进步。

大家走上教师这个岗位，或是因为热爱，或是机缘巧合。但随着时间的推进，它不再只是一份工作，而是早已成为我们生活、生命的重要部分，与我们青春同行。每个教师的心中都有被认可的期望，都渴望成为有力量、受欢迎、有尊严的人。很多人用"春蚕"和"蜡烛"来比喻教师，我并不完全认同。如果总让教师背负如此沉重的道德压力、只讲求奉献，谁还来热爱教育，谁还来热爱学生？须知，只有幸福的教师才能培养出幸福的学生。

教师应该是阳光下的一棵树。一方面，教师要贡献自己的叶和果实，通过释放氧气来服务学生和社会；另一方面，教师也需要不断成长，需要得到足够的关爱和呵护，否则生命力就会枯竭，无法继续释放能量。

从仙桃二中到光谷一初，我的心中都有着一片枇杷林，都有着一个教育梦：追寻教育理想，实现人生价值，拥一方水土，办好一方教育。教师是学校宝贵的资源，真心关心教师、尊重教师、发展教师是学校工作的关键。培植教师得以生长和舒展的土壤，营造良好的成长文化，是学校工作的重点。教师发展，学校进步，教师行了，学校就行了！

柳动蝉鸣，花开风起。 正逢谷里好风景，又是枇杷橙黄时。 年复一年，枇杷树用它们的坚韧守望着师生，用它们的果实回馈着自然。 它们悄悄地告诉着校园里的人们：要学会感恩，懂得等待，必须坚韧，释放美好，拥抱世界！

8　花箱里的烟头

学校的花草树木、鸟兽鱼虫，既是学校的风景，又是学校环境文化重要的组成部分。 校园的景观，一花一草，一廊一园，只要教育者有心，都可以成为育人的元素，也都应该成为育人的元素。 教育家顾明远先生说："教书育人在细微处，学生成长在活动中。"

为了美化校园，弥补学校绿化面积不多的不足，我们在光谷一初校门后的银杏广场和报告厅的两侧摆放了一批木制花箱，拉来土，种上了绿植。 这样，银杏广场和报告厅的台阶上又多了绿色。 春天的茶花、秋季的三角梅，长势喜人，很是养眼。

那一年的夏天格外漫长，又闷热少雨。 俗语说："三伏天，五天不雨是小旱，十天不雨是大旱，一月不雨地冒烟。"长时间的干旱已经打破了武汉的气象记录。 而学校暑期虽然有专人给花箱浇水，但不接"地气"，原本好端端的茶花，还是有一部分逐渐枯萎了。 无奈，我只好安排物业的同志把枯枝锯掉、枯树拔出。

九月开学，为了应急，学校又买来一小钵一小钵的花草，放在花箱上作为装点，虽不及茶花那么好看，但还算协调。 冬天来了，这些小钵花草不耐严寒，热心的同事就把它们搬到室内，想明年开春后再拿出来摆上。 这样一来，本来尚算精致的花箱变得黄土裸露，光秃秃的，有点难看，也少了许多生机。

又是一日，我经过这些花箱旁，发现里面满是烟头和杂物，特别碍眼，我心里也特别难受。 不知道这是学校的"烟民"还是来开会的家长，抑或是其他校外人员的"杰作"，与文明城市创建工作和学校正在开展的"光谷一初学生十大好习惯"养成教育格格不入。 安放花箱在校园里，本应该是展示花儿与少年的和谐成长，如今却成了花箱与烟头相伴的难堪。 是花箱的错，还是人之过？ 这些花箱做工精致、整齐干净，原本红花绿草，昨天的繁花仿佛还开在眼前，如今却沦为垃圾箱，反差巨大。

事物的好坏、环境的美丑是相对的，在一定的条件下能互相转化。我们的工作对象是学生，是活生生的人，有血有肉的人，有灿烂未来的人。 而学生的成长是动态的，是会受周围的人和事物影响的。

每个孩子都有多面性，在班级里、在操场里、在生活中、在困难面前的表现不尽相同。 如今，运动会中的"苦差"都是一些调皮的学生在做，比如场地布置、饮用水搬运等，活动结束后他们还要将一张张课桌、一把把椅子归位，这些全是体力活。 但他们干得很好、很开心，对人也很热情。 其实，这些学生走入社会后是不需要过多担心的，他们与人沟通的能力强，能吃苦，还特别乐观。 难道我们能说他们不优秀吗？ 学生们正如花箱一般，我们种花，就收获美丽；我们投入垃圾，见到的只能是杂乱和脏污。

学校教育无小事，很多细节都值得我们关注和思考。 一个花箱，给它种上花草，浇水施肥，春来秋往，它会带来争妍吐绿的风景；若是疏于打理，任其藏污纳垢，长此以往，它终会沦为垃圾箱。 长时间的留白与不作为，会让它失去方向和存在的价值。"不长庄稼就长草"，管理花箱如此，教育学生也是如此。

学生的成长需要环境和氛围，哪怕是一点细微的变化，也会对他们产生影响。 给他们阳光雨露，他们就灿烂自信；若疏于管理，缺少关心，他们就会失去学习和生活的积极性。 教书育人在细微处，育人环境需要有心人来经营，用心地打造好教育场，装饰好每一个角落，以环境育人，会事半功倍。

校园越是干净整洁，师生的行为就越是文明；校园越是书声琅琅，师生的精神就越是阳光；校园越是追求卓越，师生的心中就越有远方。我喜欢关注校园中悄悄发生的变化，人与人总能互相影响，潜移默化。"越来越……"休现的是一种教育规律，体现在教书育人的细节中，体现在逐渐养成的习惯里，体现在核心素养的培养里。

花箱和垃圾箱外表相似，但功能不同、内涵不同，一定条件下可以相互转化。让花箱长满花草，让烟头回归垃圾箱，这一看似朴素的要求，其实蕴含着深刻的教育哲理。教育不能露白、不能缺位——这其实也是教育规律——并且，越早开始越好。

9　校园里的石头

　　"江城如画里，山晚望晴空。"今年春天，我们播种希望，在校园里新栽了 27 棵果树，如今，不少苗木已经挂果，橙黄的枇杷、青涩的梅子、红透的桃子、翠绿的梨子，桃李满园、佳果飘香。 昂扬的生命、醉人的色彩、丰富的书籍、欢乐的笑脸，闲庭信步慢思量，驿路梨花处处开，是学校自然的生态，是光谷二初人喜欢的样子。

　　孔子说："仁者乐山，智者乐水。"仁义的人乐于像山一样，智慧的人乐于像水一样。 山的厚重、水的灵气，是大自然的恩赐，也是人世的智慧。 光谷二初学子要有大山一样的仁厚，也要有流水一般的灵气。身心健康、学业优良、文明有礼、灵动阳光，做一个灵动的学生，应是每个学子的追求，也是时代的召唤。

　　今年暑假，校园里多了一些石头，大小不同、形状各异，让学校增添了不少厚重感。 这些石头经过岁月的打磨和洗礼，才成为现在的样子，然后千山万水、一路颠簸来到光谷二初，我们赋予它们以文化，赋予它们以新的价值。 我从江汉平原走出，故乡一马平川，河多、湖多、水多，是鱼米之乡，所以对山、对石头，有一种由衷的喜爱。 我看到学校刘老师的孩子，四五岁的样子，在众园石头前端详了很久，后来直接爬到石头上坐下，很是惬意——他肯定很喜欢这些石头，我相信同学们也会喜欢。

　　学校中庭水景有一块泰山石，它像一座山峰，又如同航船上的一张帆，指明着方向，传递着力量。"教育为人生"，五个雄浑有力的大字镌在石头上，这是我们的教育哲学。为分数、为升学，只是教育目标的一部分，更重要的是为生活、为人生，行健致远。教育需要舍得的智慧，教育之道，乃人生之道。尊重规律，健康第一，着眼长远，全面发展，彰显个性，是对学校工作的朴素要求。

静下心来，听一听校园里流水的声音，看一看安静沉稳的石头，心情会豁然开朗起来。自然界的一草一木、一山一水都能给人以灵感和力量。校园的这些地方能缓解人的焦虑，是动与静结合的世界。动，我们看得到百舸争流；静，我们感受到虚怀若谷。这是教育哲学，这是生活态度，这也是人生智慧。

做一块石头，要耐得住寂寞，经得起打磨，忍得了踩压，受得起仰视。这是石头的生命经历，也是人生的必修课。每一块石头都有自己的故事，都有自己的前世今生。中庭水景中的泰山石很美、很有气势，但它经过了多少风雨的洗礼、经过了多少痛苦的打磨、经过了多少岁月的变迁，才有今天惊艳的样子，让人仰视？求学之路，是吃苦之路、奋进之路和追梦之路。"书山有路勤为径，学海无涯苦作舟"，对读书人的要求，古人早已作了深刻的阐释。

老师们便如同校园里的一块块石头，他们为了学生甘于奉献，为一个个家庭幸福、为社会进步、为民族振兴，付出了太多。电影《女大学生宿舍》讲述了 20 世纪 80 年代初，5 个刚入校的姑娘的青春与生活、友谊与信任，表现了当时大学生的理想、情操和自强不息的精神。其中的校长路石就是以著名教育家、武汉大学原校长刘道玉先生为原型的，当时在全国大学生中产生了很大的影响。其实，我们身边每一位平凡、可敬的老师都能称得上当代的路石。一流的教师铸就一流的学校，优秀的光谷二初教师创造了光谷教育的"二初现象"，如今学校蒸蒸日上，越来越好，一路飞奔前行。

　　学生是校园里灵动的风景，要做一块有故事、有灵气、有梦想的小石头，做一个有理想、会做人做事、有担当的中学生。鹅卵石的圆润、小青石的平凡、黑山石的棱角、泰山石的沧桑，这是自然中石头的样态，但仔细想来，又何尝不是人生的样态呢？长大的过程，就是不断受到打磨、不断接受挑战和选择的过程，就是必须等待、勤于积累的过程，就是看见美好、永怀希望的历程。假以时日，历经艰难、千姿百态的学生们，自然会拥有"世上无难事，只要肯登攀"的从容和气概。

　　"空山新雨后，天气晚来秋。"校园里的石头自成美景，花儿与少年交相辉映。新学年已经开启，让我们天天有好心情、天天有好身体、天天有点滴进步，不弃功于寸阴，策马扬鞭。

10　找寻数学学习的方法与价值

　　学校九年级数学组的老师们编写了一本试题研究的册子，很专业，有一定的创意，侧重学习方法的指导与探究、激发学生学习数学的兴趣。

　　数学家考特曾说："数学是人类智慧王冠上最灿烂的明珠。"近代以来，几乎所有重要技术的进步，都离不开数学的支持。数学是航空航天、国防安全、生物医学、能源、海洋、人工智能、通信等各个领域不可或缺的知识支撑。中学阶段学好基础数学，会为学生未来的发展增加无数种可能。

　　专业的人做专业的事，是有意义、值得期待的。作业是教育目标的实体表达，"减轻学生过重的学业负担"的要求，绝不是不要作业，而是要研究试题、精选试题，重在提升学生学习能力。九年级数学组编写的这本册子，可作为校本作业，是学科建设的有益尝试，也是对"双减"工作的积极回应。

　　数学是研究数量关系和空间形式的科学，是自然科学的重要基础。科学的价值在于求真。基础科学，特别是数学极具重要性。数学知识转换为生产力、服务于生活、促进社会进步的例子，数不胜数。

　　数学有独特的价值和魅力。图形对称的美丽、方程配平的原理、数形结合的奇妙，融入了生活的智慧，学好数学会让我们终身受益。用数学的眼光观察问题，用数学的思维思考问题，用数学的语言表达观点，在生活中多运用数学知识解决问题，可以帮助我们培养一丝不苟、严谨求实的科学精神。

丘成桐教授说："中国要在科技上成为强国，必须掌握科技根源，也就是我们所说的基础科学。基础科学多姿多彩，但是基础科学中的基础，是数学科学和理论物理。而数学既是物理学的基础，也是一切工程理论的基础。"中国数学水平与发达国家相比，还有一定差距。如何培养中小学生学习数学的兴趣，培养更多的数学人才，是需要学校注重和回答的问题。

数学学习有自己科学的方法。创设情景、联系生活、自主思考、对话探究、善于比较、应用整理、错题积累……这些都对提升成绩有帮助，但更重要的是培养数学核心素养。教师对数学怀有诚挚的热爱，这是做好数学教学工作的根基。当然，无论方法多么科学，都需要有刻苦精神，教育、学习没有捷径可走。

数学学习也要让学生保持好奇心和想象力。对"钱学森之问"——"为什么我们的学校总是培养不出杰出的科技创新人才？"——曾经有一个简单的回答：不是我们的学校培养不出杰出的人才，而是我们的学校在传授学生知识的同时，有意无意地忽略了培养创造力必要的其他元素，比如好奇心和想象力。

作为一线教师，迈出数学教学研究的第一步很重要，找寻数学学习的方法和价值、登高望远很重要。让我们和学生一起出发，用数学的眼光观察世界，用数学的思维思考世界，用数学的语言表达世界！

11 "动课堂"的变奏曲

学生时代，课堂留给了我们不少美好的回忆；作为教育工作者走上讲台，课堂又成了我们传道、授业、解惑的舞台。时代在发展，课堂也在变迁。课堂是一所学校最美丽的风景，这里有生命的碰撞、期许和成长。

课堂教学是学校教育的基础组织形式。据不完全统计，从小学到高中毕业，每名学生在学校要上近 20000 节课。课堂是学校生活的一部分，也自然是师生生命的一部分，课堂的生态、效率决定着教育质量，学生学习的差距和教师业务能力的差异也在日积月累的课堂中产生。

"变奏"一词，出自拉丁语，原意是变化，即主题的演变。"变奏曲"是指主题及其一系列变化反复，并按照统一的艺术构思而组成的乐曲。作曲家可新创主题，也可借用现成曲调，在主题的基本框架里加以自由发挥。光谷二初第六期"动教育"教师讲堂以"'动课堂'变奏曲"为主题，教师们一起回到教书育人的主阵地，探索教育的智慧，进一步达成共识，向前看、向远行，经营好自己的"半亩方塘"。"三人行，必有我师焉"，讲好课堂故事本身就是一种极好的反思和成长。每一个切面、每一个故事、每一点温度，都能让我们感受到课堂的脉动。

20 世纪 90 年代的课堂，教师画点简笔画，再放几张幻灯片，课堂会马上生动起来。一次，我用双色粉笔在黑板上画上壁炉、火苗、少年、圣诞树，再配上一个圣诞老人从烟囱徐徐降落到壁炉的幻灯动画，学生便仿佛感受到了欢乐的氛围。 面对未知的世界，学生们有无穷的遐想。专注、兴奋之余，我让他们说说自己对不同文化节日的理解，学生们的话匣子瞬间被打开。 一位学生说："虽然习俗不同，却都象征着对新一年的美好憧憬，愿来年红红火火。 不同的场景，相似的快乐。 但我们有自信，把春节传统文化传承得更好。"好多年过去了，当年的学生告诉我，他仍然记得这节课，我感到由衷的满足、欣慰。

二十多年前，以杜郎口中学和洋思中学为代表，初中刮起了一阵课堂改革的旋风。 杜郎口中学以学生在课堂上的自主参与为特色，课堂的绝大部分时间留给学生，教师仅用极少的时间进行点拨，这被称为"三三六"自主学习模式。 洋思中学创立的是以"先学后教，当堂训练"为基本结构，以学生自主学习为中心的课堂教学模式。 这两种模式提升了学校的教学质量，一时间也成为许多学校争相学习的榜样。

每所学校都在寻找符合自己实际的课堂样态。 2015 年，光谷二初首次提出"动课堂"教学模式， 立足于"让课堂动起来，让学生思维活起来，让学生成为课堂主人"的教学主张，探寻学生深度参与的课堂教学有效策略。 历经多年"动课堂"的研究与实践，光谷二初已在教学策略、模式创新与教育质量等方面取得了一些成果。

十年磨一剑，这是二初人面对自身问题积极探索、解决实际问题的历程。 曾经，我们的课堂沉闷，教师"一讲到底"，学生打瞌睡，没有思考的空间和习惯，没有素养的积累和价值的渗透，家长和学生更愿意把希望寄托在课后辅导和过关检测上。"动课堂"反映的是教育观念的改变，是一次教学的觉醒。 我们提出，"动课堂"是没有学生睡觉的课堂，是顺应儿童天性的课堂，是从教走向学的课堂，是教书、育人和谐统一的课堂。

学生的成长从课堂开始，教师的发展在课堂起步，学校蜕变也是从课堂启航的。"动课堂"在二初应运而生，"热身动""探究动""拓展动""评价动"是它的框架，积极活跃的"思维动"、关注学生个性化需求是它的内核，我们课堂的中心越来越向学生成长靠近。

教师上课需要一定的模式，尤其是年轻教师，这会让他们少走弯路。"热身动"是新旧课的衔接，也是新课激趣、导引的过程；"探究动"是课堂的主旋律，强调通过实践和思考，让学生积极去探寻问题的答案，追求知识和认识的深度；"拓展动"旨在培养学生的问题意识和学科兴趣，让学生发现规律，寻找方法，认识问题和解决问题的能力得到提高，拥有自信，教师关注学生个性化的需求和发展，发现学生潜能比发现学生问题更加重要；"评价动"主要包括总结归纳、当堂训练和检测。随着教师教龄增长、对教材和学生的熟识、AI 技术在课堂的合理应用，硬套教学模式的行为会慢慢减少甚至消失，教师对课堂的理解转化为聚焦"人的成长"，关注学生内心，从学科教学走向学科教育。一些优秀的教师还能逐渐形成自己独特的教学风格和模式。

教学过程的本质就是发展人的思维。我们制定"动课堂"的教学标准，将卓越教师、优秀教师、合格教师和不合格教师的课堂行为表现描述得具体、清晰，使得每一位教师可以对照选择自己要实现的发展目标、达到的专业水平。这种不用硬性指标去评定而是用量化标准进行目标指引的方法，不仅行之有效，而且还能帮助教师在此过程中进行自我评估。

在课堂教学中，比让学生掌握知识更重要的，是使其了解知识之间的联系。"动课堂"是学生学会学习的地方，是学生的舞台，并非老师展示自我的地方。减少讲和听，增加说和做，让它慢慢地成为培育灵动学生的场域，成为建设心动学校的阵地。

"动课堂"还要延展，把作业设计作为一个重要的组成部分，让作业拉动学习全过程。但我们不做习题的搬运工，要对作业进行精加工。作业不仅仅包括练习题、小测验，还包括单元学习任务，由学生按照学习目标完成的团队活动、开放型作业等。 学校要成立作业研究中心，边实践、边研究，逐渐形成光谷二初特色的作业设计体系，更好地引导学生全面而有个性地发展。 要培养学生从解题到解决问题、从做题到做事的能力，毕竟现实世界不是一个个单纯的问题，也从来没有标准答案可以借鉴。 二初物理学科、英语学科率先行动起来，汇聚实践智慧，形成教学闭环。

时隔多年，杜郎口中学崔其升校长在回顾走过的课堂改革之路时说：课改要走中间地带。 教育的很多问题，不能非黑即白，还要有灰度。 教育如此，生活也是如此。 当前，以知识传授为主的教学方式正在被削弱，素养导向型的教学实践不断诞生新的成果和故事。 越来越多的教师开始在课堂上实施素养导向的教学，在新旧教学方式之间建立桥梁，并在实践中不断纠偏，把学科的边界拓展开，让课堂变大，这样的努力早晚会收获丰硕的教育成果。

"惟改革者进，惟创新者强"，课堂是教师、学生成长的主阵地，也是他们最灿烂的舞台。 在这里看见繁花万里，山水又一程；看见奔涌的溪水，渴望着奔腾，流进长河，汇入深海……在未来，二初人关于"动课堂"的探寻必将更加理性、清晰，正如一趟与时间牵手的远征……

第四篇　教育为人生

　　教育之道,乃人生之道。每一所学校都在寻找符合自己的道路,但不能忘了:教育为人生。

1　教育为人生

叶圣陶先生曾说："教育为人生。"教育如何为人生呢？ 没有什么秘籍，我们可以教学生如何将知识与生活联系在一起，可以教他们更好地去解决生活中的问题。 从某种意义上来说，这就是教师的使命。

"为人生"的教育不仅仅要教阅读、写作和计算，也不仅仅教历史、地理、社会科学和自然科学的基本知识，更重要的是让学生了解包含认知学习的基础性文化。 一般而言，传授知识的多，教授认知的少。

"教育为人生"是光谷二初第一次"动教育"教师讲堂的主题，这个理念后来逐渐得到老师们的认同，是基于大家对学校现实和未来的思考。

我们悄悄地一起开启了学校新一轮发展之旅。 学校在重视教学质量的同时，需要增加一些应有的、独特的元素，需要全方位提升品质。 教育要让人看得见、让师生感受得到。

学校中庭水景建成了，有山有水，有鱼有花，清澈的泉水，潺潺的流水声，能让人感受到生命的舒展，能细听大自然的声音。 漫步其间，生活慢了下来，也扫去了很多工作上的压力和烦恼。 泰山石上的朱红大字"教育为人生"，每天注视着我们，提醒着我们思考：我们从何而来？ 教育到哪里去？ 这里是二初人梦想的发源地，这里有二初学子的水木年华，泉水、原木、青莲、茶花，互相映衬。

思考决定行动。 办学理念对学校工作的指引是重要的，学校需要思想和精神的引领。 教育工作是充满诗意的，也有一些琐碎。 我们在忙碌前行中，也要时常回望来时的路。学校需要内生文化的力量，需要睿智自信的从容。

教育能改变人的命运，能推动社会发展，"教育为人生"正在成为二初人的共识和教育哲学。对学生而言，教育要从为分数、为升学、为工作，走向为生活、为美好人生。教育应该是使学生成为热爱人生的人、善良的人。对教师而言，教育要从一种职业选择，走向一种生活、一份事业。为人生而教，是人生大道，是最动人的烟火气。教育学生面对人生的所有，享受人生的不同，从容面对人生的顺与逆、悲与喜。每位教师教好学生、做好自己，为党和国家培养合格人才，就是最大的价值。

"教育为人生"应该有三个维度：为人的生命，为人的生活，为人的幸福。全面贯彻党的教育方针，全面实施素质教育，全面提升教育质量，"三全育人"是践行教育为人生的前提，身心健康是基础，全面发展是目标。我们将教育与生活联系在一起，教会学生丰富对他者的理解，教会学生做人的道理，帮助他们学会面对人生的不确定性，奠定他们终身发展的基础。

习近平总书记指出："人民对美好生活的向往，就是我们的奋斗目标。"教育是基础工程，要做到教育为人的幸福，首先要融入推进高质量发展、创造高品质生活的国家治理体系中。"为人生"的教育，要让每一个人踏入生活之河时毫无惧色。

二初是一个学园，这里有永不停息地奋斗着的师生和千姿百态的成长。中国已进入高质量发展阶段，教育也须进入高质量发展时代，我们的学校也进入了黄金发展期。高质量教育不仅是分数和应试能力，更要教给学生能够陪伴他们一生的更有用的东西，诸如学习兴趣、独立人格、责任担当……因为学生们将来要面对的生活难题和漫长人生，很多答案都不在课本里。

光谷二初逐渐形成了自己的教学文化：教书、育人兼顾，重视非中考学科建设;常规落实的尽头就是质量;评价团队方能形成团队。 由此,学校蒸蒸日上,教学成绩逐年提升,学校课程日渐丰富,校园环境逐渐改善……学校一天天在变化,大家虽然很累,但也由衷地感到高兴。 我们用照片记录美,用文字传递美,用成绩展示美,用文化孕育美。 建生动的课堂,育灵动的学生,办心动的学校,是二初人的愿景,也是行动表达。 我们的教学文化,逐渐从思想和价值引领转化为行动上的引领,提升了教育品质,让光谷二初成为学生向往的学园。 我们的教学文化是对"教育为人生"理念朴实的呼应及踏实的实践。

二初是一个乐园,这里有师生互相成就的温暖和朝夕相处的亲近。"这世界有那么多人,人群里敞着一扇门……这世界有那么多人,多幸运我有个我们……"杜威说:"教育不是为生活做准备,教育就是生活本身。"大家早已行动起来:极具感染力的开学典礼,穿越时空的经典诵读,青春飞扬的篮球联赛,个性绽放的学生艺术节,精彩迭出的科技节,师生期盼的新年盛典,家校联动的无课行动,令人难忘的毕业典礼……一桩桩、一件件,伴随着二初学子茁壮成长。

激发学生兴趣,培养学生特长,也是我们努力的方向之一。 田径健儿的顽强拼搏,足球小将的默契配合,舞蹈社团成员的曼妙舞姿,戏曲社团成员的古典神韵,管弦乐队演奏的婉转悠扬,创客社团的科技探索,烹饪社团成员的大显身手……每个孩子都有闪光的舞台。 盼望已久的"心灵加油站",生机勃勃的阳光大课间,舒适温馨的大小书屋,简洁明亮的办公室,五彩缤纷的"二十四节气"井盖,镌刻着智慧的各色石头,重新装扮的垃圾桶……学生随时随地可以看见生命、书籍和绿色。

教师这个岗位上,没有天才,只有热爱和坚守。 正是我们的努力,影响着一个又一个人,让我们的校园更绿、更暖、更靓、更软,更青春。只有热爱和坚守,才能让我们行稳致远,宾至如归的校园才让人心动。

"为人生"的教育就是让校园如同家园，最终成为师生心中最好的家园。只要愿意，二初也可以很美；只要愿意，我们也可以成为有故事的人。

生活如流水潺潺，每一秒都熠熠闪亮。 长长的路，慢慢走。 当代著名思想家埃德加·莫兰说："教育就是要让人们学会穿越确定性的岛屿，在不确定性的海洋中航行。"通过教育认识自己、革新自己、成就自己，是教育与人生的关系。 语言的尽头是音乐，生活的尽头是平淡，教育的尽头是人生……

2　青春是用来奋斗的

有一首诗，当我们拥有它的时候，往往没有读懂它；而当我们能读懂它的时候，它却早已远去。这首诗的名字就叫"青春"。

和年轻人在一起工作，一起谈教育，我感觉又回到了激情燃烧的岁月，自己在教育之路上的点点滴滴也浮上了心头。

我毕业后参加教育工作，任职于不同类型的学校，跨越了不同的年代，感受了时代的变迁和教育的发展。曾经，我考师范学校只是为了"跳出农门"。在师范学校学习期间，我了解了学校素质教育应有的样态，学到的东西到现在都有借鉴意义，如：一周看一场电影，师生共同参加体育活动，经常进实验室做实验，劳动课也要组织得很实在，等等。我曾经担任学生会的文艺部长，组织的大小活动也多，也是学校乐队的键盘手，这些工作都很锻炼人。因为成绩不错，又有特长，我一直期待着毕业后能分配到城区的学校。但天不从人愿，我毕业后被分配回了老家的一所农村初中。

农村学校一直少有年轻教师来。我一到学校，学校领导就直接安排我教初二一个班的物理和英语两门学科。学校规模小，教研活动不多，教学上很多东西都要自己学、自己观察、自己悟。我比学生大不了几岁，沟通起来很自然、轻松，因此教学上还算顺利。有时放学后还和孩子们在水田、水沟中抓泥鳅、鳝鱼，既改善了生活，又打发了时间，很有乐趣。多年后与这批学生相聚，我说："当初并不成熟的我，把自己的热情、纯真和上进都献给了你们。"他们中的不少人，我至今都能记起名字。

寒假，我代表学校去参加镇里的教师演讲比赛，获得了第一名。那次演讲的题目我至今还记得——"年轻的师魂"。可能是这次演讲给观摩的领导留下了较深的印象，暑假时我就被调到了胡场二中。那里工作氛围好，我先后担任过班主任、教研组长、年级主任，那是我专业成长很快的一段时间。其间我也很迷茫，幸得一路坚持，才逐渐找到自信和方向，从一个青涩的小伙子逐渐成长为骨干教师。

2002年9月，28岁的我"临危受命"走上校长岗位，肩负起了重振胡场一中的重托。经过六年的努力积累，这所老牌的乡镇中学终于重新焕发了青春与活力，学生人数由580人上升到1500人，中考成绩喜人，社会评价令人满意。2008年8月，我调回胡场二中工作，工作环境虽有变化，但教育激情不减。胡场二中以争创全市品牌乡镇学校为目标，回归教育的本质，找寻教育的快乐，全面地培养学生、提升教师，最后终于成为全市乡镇中学的一面旗帜，时至今日仍发挥着示范和引领作用。

2011年8月，仙桃市教育局面向全市公开招聘校长，我以第一名的成绩成为省级示范中学——仙桃市第二中学的校长。这是一个更宽、更广的舞台，也是一所英才汇集、有国际视野的学校。任职的七年中，我化解了二中、五中集团化办学的难题，提炼了"阳光育人，全面发展"的学校文化体系，完善和丰富了校本课程。教师队伍百花齐放是仙桃二中最大的底色和品牌，两名省特级教师，两名正高级教师，多名省市级教研员，40多名仙桃名师、学科带头人在这里成长，从这里启航，他们又带动更多的年轻人行动起来。学校每年都有50多名优秀毕业生进入西安交通大学少年班、新加坡莱佛士书院、华中师范大学一附中、武汉二中等名校，100多人进入省级示范中学仙桃中学学习。学生进入高中后学习后劲十足，每年都有3—5名学生考上清华大学、北京大学，仙桃二中被大家称为"清华、北大的摇篮"，成为仙桃教育一道亮丽的风景线。

2018 年，我离开了工作多年的故乡，来到省城武汉，在光谷九峰中学开启了新的人生征程。 我用 27 年时间追赶和前行，踏上了光谷这片热土，融入光谷教育文化，开始新的教育思考与实践。 光谷教育有自己的特点和格局，厚积薄发，正在走向开阔、昂扬。

曾经，有人说我是仙桃市最年轻的中学校长，是一种期待；任校长十多年后，我早已不再年轻，同志们戏谑地称我是"年轻的老校长"，是一种认可；再后来，大家都直接喊我"老黄"，简单而亲切。 称呼的变化诉说着岁月的变迁，还有对教育的理解和情感。

青春是美丽的，青春是充满梦想的。 这些年光谷教育发展日新月异，每年都会招聘许多新教师，他们来自五湖四海，毕业于全国名校，他们的青春将和光谷教育发展结合在一起，互相成就。 假以时日，这些优秀的年轻人将会展现出令人称道的实力和魅力，成为最宝贵的资源。

教师应是生长的树。 一方面，教师要转化、生长、进行光合作用等，通过释放氧气、带来阴凉等服务学生和社会；另一方面，教师自身也需要不断成长，没有营养补给，树木就会枯干。 只要有教育发生，教学相长，教师就有成长的机会和空间。 我们在教给学生知识、方法和价值观的同时，自己也在成长；只要心中有远方，勤奋坚守，总有一天会长为参天大树。 事实上，如果教师有要长成大树的意识，就会发现教书育人不只有付出，更有收获，成全的是自己。 师生一场，应当是相互滋养、一起成长的。

青春是用来奋斗的，青春总是充满机遇和挑战。 这是一个奋进的时代，一路小跑的快递小哥，到处奔波的房产中介，天不亮就开始劳作的建筑工人，一直在路上的网约车司机……他们的工作节奏和精神，让人印象深刻，心生敬佩。 青春很短，生活不易，大多数人总在忙碌。 教师与朝气蓬勃的学生相伴，生活在校园里，相对单纯，是不少人所羡慕的。校园是一片安静的生命丛林，只要不断耕耘、施肥，我们每个人都可以成为丛林中的大树，成为最好的自己、真正的自己。

青春也是用来回忆的。春天的晨光、夏天的绿荫、秋天的云朵、冬天的雪花，都流淌在岁月的记忆里。青春总是与成长相伴，青春总是与奋斗同行。吃过的苦、流过的泪、难解的结、成长的路，都让人刻骨铭心。成长没有捷径，扎根越深，生长越快；青春是现场直播，没有如果，努力越多，青春越美。

人生之路上，应当先做起来，再追求完美。"在年轻人的颈项上，没有什么东西比事业心这颗灿烂的宝珠更迷人了。"在人生的路上且歌且行，让我们聆听青年的故事、期待青年的成长。

3 让课程充满生命的活力
——薄弱课程校本化建设的思考与实践

课程是人才培养的核心，也是学校的核心竞争力。光谷二初把"悦动课程"作为"动教育"的载体，在大课间、阅读、劳动、艺术、德育、学科拓展等方面做了大胆的尝试，这不由得让我想起在仙桃二中进行课程建设的一些思考与实践。

仙桃二中以"办好人民满意的教育"为发展目标，秉承"阳光育人，全面发展"的办学理念，以薄弱课程校本化为有效途径，完善学校课程体系，开设了跑操课、绘画课、阅读课、唱歌课、写字课等五门校本课程。"五课"实施以来，学生的综合素养提升了，赢得了师生和社会的广泛赞誉，已成为学校的亮丽名片。

一、开设"五课"，发展学校特色项目

课程是学校教育教学工作的基础，决定着学生素质的发展方向。仙桃二中在开足开好规定课程的同时，以校本化的方式加强薄弱课程建设，开设"五课"，化薄弱为特色。

1. 从学生成长需要出发，开设"五课"

学生是成长中的生命体，体育、音乐、美术等课程虽然在学校课程

体系中相对"薄弱"，却是学生成长所必需的生命元素。学校从关注生命个体全面发展的高度切入，开设"五课"，更好地服务学生。抓跑操课，增强学生体质；抓绘画课，陶冶学生性情；抓阅读课，提升学生内涵；抓唱歌课，激发学生生命活力；抓写字课，弘扬中华优秀传统文化。"五课"力争将所有资源整合进学生的学习生活，寓教于乐，激发学生的学习兴趣，从而助力学生实现生命的全面成长。

2. 从学校办学实际出发，发展特色

"五课"是学校从办学实际出发，将薄弱课程校本化，尽己所能开发的课程产品。学校打破传统的课堂教学与德育活动的界限，将它们有机整合成校本课程资源。因地制宜地开设跑操课，让学生们动起来；尊重学生的主体意愿，以兴趣小组的形式开设绘画课，开展美育实践活动；每天的唱歌课、跑操课点燃了学生们的激情；每周的阅读课，学生们在教师的指导下，改善了阅读方式，提高了阅读效率和质量，为自身的成长打下了良好的基础。

二、建设"五课"，打造学校特色品牌

教育的核心问题是"为谁培养人，培养什么人，怎样培养人"。师生对"五课"的认可度、"五课"的实施质量，是判断"五课"建设是否成功的关键。

1. 顶层设计，规范课程管理

学校在课程实施中做到"三到位"："时间到位"，"五课"全部进课表，科学合理地安排课程时间，确保每天一个小时的活动时间；"指导到位"，在教师自愿的基础上，选聘"五课"的骨干教师，发挥他们的引领作用；"责任到位"，将校本课程的管理分派到相关科室，由分管校长到

相关科室再到具体专任教师，层层落实管理，责任到人。

2. 师生参与，自主整合资源

"五课"的魅力在于熏陶浸染、塑身铸魂。学校坚持走群众路线，让师生都参与进来，成为校本课程的开发者和建设者。写字课的字帖、唱歌课的曲谱都主要由学生选定，这样可以契合他们的兴趣爱好；唱歌课的曲谱一经选定，就开展"一周一曲"活动；为开设好阅读课，学校图书室购置图书 15000 册，学生以班为单位，一月一借，班内一周一流动。

3. 全程管理，精心组织实施

对"五课"的实施，学校既有明晰的制度与详细的安排，也有具体的落实和检查。写字课、唱歌课、阅读课采取"统一规划，分班实施"的方式，写字课作品由语文教师指导、批改，学校每学期一评比；阅读课由语文教师在阅读课上指导，摘抄、随笔一周一批改，学校每学期一评比；唱歌课由音乐老师、绘画课由美术老师具体指导；跑操课由体育教师和班主任共同组织实施。

4. 健全制度，完善课程评价

"五课"既有课内的教学指导，又有课外的展示交流，同时也设计了健全的评价制度。在过程评价上，抓管理、强落实；在质量评价上，抓展示、重实效。通过每学期举办绘画书法作品比赛、"品名著诵经典"演讲比赛、读书征文比赛、跑操展演、班歌比赛等活动，"五课"一课一展示，以学生的综合素质评价为导向，激发学生的兴趣与活力，激励学生展示自我、全面发展。

三、展示"五课"，铸就学校课程文化

学校每学期以不同形式集中展示"五课"成果，全体学生倾情参与。

他们用青春的激情谱出华丽的篇章，用遒劲的笔法写成隽永的作品；用七彩的画笔描绘美好的世界。

1. "五课"的实施，提高了学生综合素质

"五课"实施以来，学生综合素质显著提升。 在体育测试中成绩明显提高，在全市"大家唱大家跳"活动中摘得桂冠，文艺节目《心中有盏红绿灯》在湖北省黄鹤美育节中荣获一等奖，在省市级"文艺小人才"评选中大放异彩，在省市级作文竞赛中屡创佳绩。 新加坡来学校遴选优秀学生，也对学校学生的综合素质给予了高度评价。

2. "五课"的实施，提升了学校课程品位

"五课"犹如为孩子们提供了营养均衡、风味独特的菜色，正逐渐凝聚成学校的课程文化。 跑操课，提高了学生们的身体素质，增强了班级的凝聚力；唱歌、写字、绘画课，打破课堂边界，实现了智慧和生命质量的提升；阅读课，给学生创造阅读的环境，让优秀读本成为学生的精神食粮，让更多的学生远离网络、爱上阅读，让学校成为充满书香的校园。

"少成若天性，习惯如自然。"仙桃二中将薄弱课程校本化，强化课程管理，变薄弱课程为特色课程，让二中学子在跑操、唱歌、绘画、写字、阅读课中沐浴和煦阳光，尽享无限春色。 我们相信，成长于这片教育土壤里的学生，一定会拥有阳光灿烂的明天。

4 教育需要"阳光"

捷克教育家夸美纽斯在著作《大教学论》中，以卵的孵化为例论述教学的基本原则与方法。老子说"道法自然"，事实上，只要善于观察与思考，自然界中能给教育以启示的事例比比皆是。比如太阳，热情、公正、博爱、无私、规律……每一个词，都能给教育者以深刻的启发。仙桃市第二中学就充分挖掘"阳光"的内涵，丰富"阳光教育"理念，打造了积极健康的教育生态。

仙桃二中以"阳光教育"理念为统领，从阳光管理、课程设置、课堂建设、教师专业发展、培育学生等方面入手，积极推进教学改革，让师生的生命活力得到了张扬。

一、实施阳光管理

阳光管理具有人本、公正、发展、和谐等特征，其实质是激励人的情感、彰显人的价值，使其焕发生命的活力。仙桃二中着重从两个方面加强阳光管理。

1. 阳光制度管理

学校建立并逐步完善了有规范、有责任、有程序、有监督的"四有"管理机制。

有规范。学校所有管理制度的出台，以及校训、校歌、校徽的设计等，都要经过征求教职工及学生的意见、教职工代表大会讨论等基本程序。由于制度的产生与形成经历了"从群众中来，到群众中去"的过程，这些制度得到了师生的广泛认可。

有责任。一是在部门负责制以外，构建"大年级、小学校"的管理模式。针对师生数量多、管理难度大的实际情况，仙桃二中以年级组为单位实行集体管理，在日常考勤、安全教育、德育工作、评先评优、活动组织等方面推行年级自治，让每一个年级就像一所小学校一样，具有高度的自治权。二是落实"教师参与制"和"信息沟通制"。学校明确年级组长、教师等的管理职责，督促他们全方位参与到学校管理中来。这样不仅能使管理更加自主和高效，而且提高了教师的主人翁意识。

有程序。每学期初，学校会与各处室签订"处室工作目标责任书"。责任书详细列出年度工作目标和创新目标，由校长、分管领导、处室主任分别签字确认。各处室围绕目标开展工作，学校定期召开目标调度会，加强过程的监督与考核。学期末，学校根据责任书的具体要求检查考核，并把结果作为干部业绩量化评价的依据。此外，学校还从流程管理入手，完善了"仙桃二中精细化管理流程表"，指导教师严格按流程完成自己的岗位工作。在流程管理中，学校坚持推行"日日清"制度：每天由行政值班人员对教育教学活动进行全程跟踪管理，及时填写"日清检查记录表"；校长室提出改进意见并签字后，下发"每日工作改进单"，相关责任人第一时间将问题整改落实到位。

有监督。学校成立了校长议事委员会和学校民主管理委员会。校长议事委员会是学校的"参谋部"，学校的重大决策都会经校长议事委员会讨论通过；民主管理委员会是校委会与师生之间的"连心桥"，学校的各项规章制度都要经过民主管理委员会的广泛讨论、修改后，才予以公布。同时，学校还认真落实教职工代表大会制度，积极推进民主管理，不断深化校务公开制度，让所有制度都在"阳光"下运行。

2. 阳光文化熏陶

阳光文化不仅指学校内看得见、摸得着的物质文化，还包括学校的精神文化，如价值目标、审美取向、人文环境等。仙桃二中的阳光文化融合了办学思想、自然景观浸染和孝雅文化熏陶三个方面的内容。办学思想方面，学校明确提出了"阳光育人，全面发展"的办学理念和"为学生的终身发展奠基，为未来国际竞争育人"的育人目标。自然景观方面，学校坐落在仙下河畔仿古路旁，校外风光优美古朴，校内绿树成荫，宁静典雅。这样的校园环境，无声地传递着学校"阳光教育"的理念。孝雅文化熏陶方面，校园里建设了独具特色的孝雅文化墙，精心布置展示的名人事迹、经典故事、礼仪之窗、古诗词等都诠释着孝雅文化的内涵。课余时间，学生到此慢读细品，在无形中自然得到了孝雅文化的滋养。

二、设置阳光课程

推行阳光教育理念，必须有与之相适应的课程体系。仙桃二中在实践中形成了"5＋N"系列校本课程。

"5"指面向全体学生开设的"五课"。一是跑操课。每天大课间时间，班主任和体育教师组织全体学生跑操，让他们锻炼身体、释放压力，增强团队意识。二是绘画课。每周安排一节课时间，由美术教师组织学生绘画，目的是怡情养性，提升学生的审美品位。三是唱歌课。每天中午安排10分钟时间，由音乐教师组织学生唱歌，目的是借声抒情，点燃生活的激情。四是写字课。每天安排20分钟时间，由语文教师组织学生练字。五是阅读课。每周安排一节课时间，由语文教师组织学生阅读经典名著。

为了满足部分特长生的成长需要，学校按照"成熟一个增设一个"

的原则，先后设置了英语口语、文学写作、电脑制作、乒乓球、篮球、足球、书法、美术、吉他、合唱、舞蹈等"N"类课程。 这类课程以社团活动的形式开展，让学生根据兴趣爱好自主选择。

课程的顺利实施离不开教师专业素养的提高。 为有效落实阳光课程，学校通过"学习—研究—实践"的方式，提升教师的课程实施能力。学校适时组织教师学习新的教学理念和教学方法，定期举办各学科教学研讨会，不定期组织开展教师论坛活动，以不断提高教师的专业素养。同时，要求教师按照阳光课程规划要求及学生的爱好、兴趣与需求，自主研究、开发校本课程。 目前，教师们已开发了书法、绘画、经典诵读等课程。 这些课程灵感来自实践，又在实践中不断地完善，在此过程中，课程的针对性和实用性越来越强，教师实施课程的能力也越来越强。

三、构建阳光课堂

阳光课堂是教师与学生积极参与、和谐交流的课堂，是充满人文关怀、让学生真正感受到学习快乐的课堂。 仙桃二中通过两条途径构建阳光课堂。

1. 改变传统的师生关系

学校倡导构建尊重学生人格、平等对待学生、正确指导学生、严格要求学生的和谐民主的新型师生关系，要求教师在课堂上多一点赏识、多一些关心、多一分责任、多一丝信任。 为此，学校还推出了学生授课、家长观摩等开放式教学活动。 这些措施营造了良好的教学环境，使学生得到健康、和谐的发展。

2. 改革传统的教育模式

传统的教学模式过分地注重"教"，这样容易忽视学生的个性、压抑学生的创造性。 为了改变这种状况，仙桃二中本着尊重学生个性，培养学生兴趣，鼓励学生独立、主动探索发现的思路，构建了"以学定教，以教导学"的课堂教学模式。 在备课中充分利用备课组的集体智慧，在课堂教学中注重分层教学、互动练习、培优补差，收到了良好的教学效果。

四、打造阳光教师

面对教育有阳光般平和的心态，面对教研有阳光般积极的热情，面对学生有阳光般灿烂的笑脸，面对同事有阳光般温暖的态度，面对发展有阳光般不息的能量，这样的教师就是阳光教师。

为培养出这样的教师，学校加强教科研引领，不断地提升教师的教科研能力。 仙桃二中长期举办"新课程伴我成长""自主与合作学习""让校园充满阳光和希望"等教师论坛活动，从不同侧面、不同角度介绍新的教育教学理念，为教师搭建起了交流思想、展示自我的平台。 学校注重"名师工作室"建设，"王虹霞名师工作室"和"徐芝斌名师工作室"作为工作室的代表，注重学科示范与研究，培养出了一批自主发展、独具特色的优秀教师。

此外，学校还注重提高教师的教学基本功。 仙桃二中每学期都会开展"教师教学反思大赛""教师书法比赛""优质课件评比""优秀课堂实录"等活动，在活动中锻炼教师的基本功，提升教师的专业素质。

五、培育阳光学生

仙桃二中以阳光德育、阳光运动、阳光实践、阳光节日、阳光评价为载体，有层次、有计划、有步骤地培育阳光学生。

阳光德育。 学校从学生的行为习惯、生命安全、心理辅导、健康教育等入手，开展系列德育活动，让学生感受到处处有德育，事事皆德育。

阳光运动。 学校每天利用大课间组织学生跑操或者做广播操；组织班级篮球赛、足球对抗赛等活动；还多次承办全市阳光体育现场展演活动等。这些活动提升了学生的体育技能，增强了学生的身心健康。

阳光实践。学校结合地方课程、综合实践活动课等，大力开展综合实践活动；组织学生进社区开展"微笑服务"活动，到仙下河开展"保护仙下河，共享生态文明"主题实践活动，到烈士陵园开展"追寻先烈足迹，继承革命传统，感恩幸福生活"主题教育活动；等等。这些活动让学生走进了生活，融入了社会，感受到了幸福生活的来之不易。

阳光节日。学校结合重大节日、纪念日等开展丰富多彩的文体活动，为学生搭建展示个性、特长的平台。

阳光评价。学校建立了"阳光少年"评价体系：一是开展"阳光少年""美德少年"评选活动；二是鼓励教师撰写阳光评语；三是制作学生成长记录袋。这些措施让学生看到了自己的成长，激发了学生前行的动力。

5 "自育"是教育的最高境界

关于立德树人，每一所学校都会有自己的思考和实践，每一所学校都在寻找适合自己的道路。 光谷一初把习惯教育和自主学习融入学生生命里，让他们在青春的赛道上奋力奔跑，在人生的旅途中积蓄能量。 一所让人喜欢的校园，一定是让师生一起看见美好、满怀希望的学校。

文化是学校的根。 光谷一初是一所在光谷里、在山谷里的学校。凤栖梧桐，鸟语花香，宁静中自带灵气。 静则生慧、虚怀若谷是我们的人生态度和价值追求。"三年一初人，一世谷里情"，"谷里一初"应运而生。 谷里书屋、谷里读书会、谷里教师讲堂、谷里新年盛典……我们精心打磨，一批独具一初特色的文化活动逐渐形成品牌。"谷里"对应"物外"，谷里之习，物外之获，我们追求的是忘我的、格物致知的境界。

"凤鸣九峰，德立一章"是光谷一初的学校精神。 凤凰是学校的图腾，志洁行芳；九峰是学校的所在地，山清水秀。"德立百善从，一章锦绣段"，追求卓越，勇争第一，一初有自己的精神、自己的标准、自己的口碑。

"习惯赋能，自育行远"是一初的办学思想，是我们的行动指南。教育要培养学生良好的习惯，"自育"是教育的最高境界。 自我教育是一种能力，也是一种核心素养。

　　寻找学校文化的基因，是为了抽丝剥茧、明确方向，找到师生心中文化价值的最大公约数，从容地行走在教育规律的路上，做到知行合一。

　　有人问苏格拉底："怎样才能学到博大精深的学问？"苏格拉底说："很简单，你只要每天前后甩手300次就行。"一年后，坚持下来的只有柏拉图一人。后来，也只有柏拉图成为了举世闻名的哲学家。重要的事情总是简单的，简单的事情总是难做的。这就是养成习惯的重要意义。

　　光谷一初把习惯教育作为践行办学理念的重要抓手。学校结合学生实际，编写了校本教材，制订了"光谷一初学生十大好习惯"。围绕十大好习惯，设计了十项学生活动，让好习惯在活动中浸润，在教育中逐渐养成。

　　"自育"从学校的行政干部开始。每周的党政联席会，第一个议程就是集体学习，由一位行政干部领学，自己动笔创作，精心准备。从理念到实践，从标准到细节，从观察到思考，干部们总能提出有价值的建议，总能发现值得深思的问题。党政联席会的集体学习极大地增强了大家工作的主动性和创新性。四年来，我们积累了不少好文章、好做法，形成了我们自己的"自育"文化。

　　学校的发展在教师，教师的成长在"自育"。在谷里读书会、谷里教师讲堂、青年教师成长班等平台，老师们把好东西拿出来分享，将成果汇聚成"力量系列丛书"——《习惯的力量》《经典的力量》《笔耕的力量》《初心的力量》，展示了教师的智慧，传递了学校的文化，描绘了一初之美。一所学校，理应有属于自己的文字。

　　没有感悟就难以形成智慧。学校的"四自课堂"模式，是推动学生实现自主学习的有效载体，得到了许多教师的认可，成为学生自主教育的主阵地，所有的教育都可以在课堂内完成。

　　"一初之声"广播站由学生组稿、编辑、播音，有美文天地、音乐时空等多个栏目。 一期播音如同一期作品，令人赞赏。 中午时分，漫步在一初校园，听听广播，很是惬意。 经典诵读展演、毕业典礼，同样由学生设计、编导。 告别母校，学生带走良好的习惯、自育的素养，奔向诗意的远方。

　　习惯赋能，自育行远。 习惯是教育的起点，自育是教育的路径。 干部自育提升管理效能，教师自育加快专业成长，学生自育方能行健致远。

　　每一个学生都需要被老师看见，每一个老师都希望被校长看见。 看见就是关爱，看见就是希望，看见温暖你我，这是教育的基本要义。

　　光谷一初的美在师生。 让人喜欢的校园，理当有怀有职业精神的教师，有追梦前行的学生。 人的精神上来了，很多问题和困难就可以迎刃而解。

　　百花争妍，桃红梨绿，学生只看不摘，习惯真好。 拖把每天"纵横驰骋"，确保校园整洁，打扫完后，学生把它们整齐地挂在拖把架上，习惯真好。 书声琅琅的早读、干净整洁的走廊、主动问好的学生、井然有序的队列、答疑解惑的老师、温暖的灯火，这些都是一初的底色、一初的品质。

　　师生之美在行动。 学校有20多棵枇杷树，长势良好，自成风景，枇杷成熟时，"谷里枇杷采摘节"亦如约而至。 九（1）班张阳同学说，令人最快乐的是爬上了以前不让爬的树，摘到了以前不让摘的果子。 但在我看来，更令人感动的是学生金子般的心——摘到又大又好的果子，他们自己舍不得吃，硬要塞给老师。

　　光谷一初的美应该在口碑。 从九峰中学到光谷一初，不仅仅是校名有了改变，还有学生全面发展，中考成绩突出，教师体现价值，家长朋友认可……我们要从小学校向大学校转型，要从片区中学向城区中学迈进，要从继承发展向创新示范前行。

光谷一初始终以习惯教育为主线，培育师生"自育"的学校生态，努力追寻和创造自然之美、师生之美、口碑之美。 我们一起看见美好，满怀希望。

6 红色诗篇的力量

1958 年 6 月 30 日，《人民日报》发表了专栏文章《第一面红旗——记江西余江县根本消灭血吸虫的经过》，毛泽东主席读完导报，兴奋得一夜都没有睡觉。 第二天清早，他在旭日微风中欣然命笔，写出了两首不朽的诗篇。

七律二首·送瘟神

一

绿水青山枉自多，华佗无奈小虫何！

千村薜荔人遗矢，万户萧疏鬼唱歌。

坐地日行八万里，巡天遥看一千河。

牛郎欲问瘟神事，一样悲欢逐逝波。

二

春风杨柳万千条，六亿神州尽舜尧。

红雨随心翻作浪，青山着意化为桥。

天连五岭银锄落，地动三河铁臂摇。

借问瘟君欲何往，纸船明烛照天烧。

两首律诗，抒发了毛泽东主席的激动和喜悦之情，揭示了新旧社会人民生活的差别，歌颂了在党领导下中国人民的冲天干劲和意气风发。

这两首诗，情致高雅，想象丰富，气吞山河，鼓舞人心。 一个无产阶级革命家的赤诚之心和爱国爱民之情，跃然诗行中。

血吸虫是一种危害人畜的寄生虫，它一般以钉螺为中间宿主，幼虫进入人体或畜体后就寄生其中，引发血吸虫病。 病严重时腹部膨大如鼓，俗称"大肚子病"，致死率高。 长期以来，血吸虫病给劳动人民带来了极其深重的痛苦。 我从小生活在江汉平原，湖多水多，亲眼看过老一辈人被血吸虫病伤害的场景。 全面消灭血吸虫，是党领导人民取得的一次令人鼓舞的胜利。

岁月流转，1965 年 5 月，毛泽东主席在巡视大江南的路途中重上井冈山。 他抒感写怀，赋词《水调歌头·重上井冈山》。 1927 年 10 月，毛泽东率秋收起义的工农革命军来到井冈山地区，开辟了中国第一块农村革命根据地。 1929 年 1 月，他和朱德、陈毅等率红四军主力出击赣南，离开了井冈山。 至 1965 年重访，他已与井冈山阔别 30 多年之久。

水调歌头·重上井冈山

久有凌云志，重上井冈山。千里来寻故地，旧貌变新颜。到处莺歌燕舞，更有潺潺流水，高路入云端。过了黄洋界，险处不须看。

风雷动，旌旗奋，是人寰。三十八年过去，弹指一挥间。可上九天揽月，可下五洋捉鳖，谈笑凯歌还。世上无难事，只要肯登攀。

这首词基本以五字句组成，间以三字句和六字句，节奏轻快流畅中又有回环起落。 词句挥洒自如，妙笔生花，写景信手拈来，"莺歌燕舞""潺潺流水"，有声有色，活泼生动；抒情则重彩绘出，"风雷动，旌旗奋，是人寰"，波诡云谲，壮阔遥深。 词的开头奇崛、结尾警策。 以"久有凌云志"引领全篇，中间的"高路入云端"与"上九天揽月""下五洋捉鳖"意境深远，加深了"凌云志"给人的印象；最后以"世上无难事，只要肯登攀"回应词首，强调主题。 全词有如一部交响乐，前半部舒缓，后半部激越，给人以希望和信心，给人以勇气和力量。

我在市委党校学习期间，有幸到井冈山干部学院学习。 在井冈山，发生过太多值得记忆的重大事件：三湾改编、朱毛会师、第一个农村革命根据地的建立……

井冈山的英雄，抛头颅、洒热血，在井冈山上谱写一曲曲悲壮的赞歌：井冈山双雄袁文才、王佐二人，迎接红军上山，疆场屡建奇功；萧克，为革命不惜改名，甚至牺牲了数名家人；张子清，身为师长，为掩护朱德、陈毅部队转移，左脚踝骨被子弹打断，最后因感染牺牲，年仅 28 岁……在井冈山革命斗争时期，中国工农红军浴血奋战，共计牺牲 4.8 万多人，有名有姓的只有 15744 人，工农红军第四军参谋长兼第 28 团团长王尔琢牺牲时仅有 25 岁。

井冈山精神就是坚定信念、艰苦奋斗、实事求是、敢闯新路、依靠群众、勇于胜利。 这是由无数革命先烈用鲜血和生命铸就的精神瑰宝，是中国革命精神的源头。 我在现场学习时，回味着沉重悲壮、启人思考的伟人经典诗作，不由得热泪盈眶，久久不能平静。"世上无难事，只要肯登攀"的词句时时激励着我们永怀希望、坚定前行。

红色诗篇凝聚着中国共产党的光辉历史，描绘着中国发展的美好前景，凝聚着伟人对人民深深的情感，常读常新。"天行健，君子以自强不息"，一个民族之所以伟大，就在于在任何困难和风险面前都从来不放弃、不退缩、不止步，百折不挠，为自己的前途命运而奋斗。

红色诗篇是每一个中国人的宝贵财富。 每次重读，总能净化我的心灵，提醒我饮水思源。 集体诵读红色诗篇，已成为我们的校本课程内容，让学生耳濡目染，坚定信仰，积蓄力量。

红色诗篇的力量，激励我们坚韧不拔、不忘初心。 肩负着五千多年的苦难、辉煌走来的中国人民和中华民族，必将在新时代的伟大征程上一路向前，无可阻挡！

7　体育是教育的基础

暑假，高温天气已成为常态，让人难以忍受，但假期总是轻松和惬意的。"桐庭多落叶，慨然已知秋。"秋风起，我们又回到了美丽的校园，开启了新的学习生活。

2024 年中考，光谷二初的普高上线率超过 70％，18 人考入华中师范大学一附中，100 多人考上"九大名高"。校园活动丰富多彩，学校办学品质不断提升，社会认可度与日俱增——光谷二初已步入武汉市公办初中第一方阵，书写着属于我们自己的传奇。

2024 年巴黎奥运会上，中国金牌榜名列第一，举国一片欢腾，大国的地位再次彰显。每一次五星红旗在赛场升起，每一次《义勇军进行曲》在法兰西响起，都让人热泪盈眶，奥运会也是极好的爱国主义教育素材。

在男单乒乓球四分之一决赛中，樊振东以 4∶3 逆转战胜张本智和。这场球打得惊心动魄，数次被逼入绝境的"小胖"能化险为夷，确实不易。在樊振东以 0∶2 落后的时候，我看到了看台上马龙眼中的泪花。马龙是连续两届奥运会的乒乓球男单冠军，这届奥运会他只参加团体赛。马龙的泪花里闪耀的是对国家的责任感和使命感，让人动容，体育比赛中一定也有家国情怀。

体育是最好的德育方式之一。体育场有方圆，方的是球场、规则和拼搏，圆的是跑道、团队和坚韧。走上赛场，你必须服从裁判，尊重对手，讲求团结，尊重观众，胜不骄、败不馁。 热爱体育，就是热爱生命，对中学来说，不挤占体育课和大课间，是学校工作的基本要求。 身体健康是"1"，其他是"1"后的"0"。"无体育，不清华"，清华大学为我们做出了榜样，校园里除了要有读书声，还要有歌声、笑声、欢呼声。

上学期的一个傍晚，夕阳西下，我看到九年级的一位女老师在繁忙的工作之余，在教学楼四楼连廊上跳绳，不间断地跳了近千下。 我默默地关注着，她工作、锻炼两不误，令人佩服，值得称赞，这是一种极好的生活和工作状态。 只要我们愿意，因陋就简，其实有很多种锻炼方式。女士跳绳，男士做引体向上，还有露天乒乓球台，也可以利用起来。 体育是教育的基础，重视体育工作，师生养成锻炼身体的习惯，要成为学校文化的一部分。

前不久，学校篮球队在比赛中荣获全区第三名，进步很大，展现了二初精神。 第一名和第二名的球队中都有专业队员，我们的这个成绩来之不易，每天的刻苦训练终于收获了喜悦。 一个男生几次问我："校长，我们学校什么时候举行篮球联赛啊？"今天我告诉他，本学期会适时开展。 我们学校还有参加过武汉三镇足球俱乐部高级别比赛的优秀体育人才，二初的体育人才和爱好者都会有自己的舞台。 爱上一项体育运动，你会终身受益，会有大局观，会更坚韧，会有好身体，还会有好心情。喜欢体育运动的人永远阳光，锻炼身体、提高身体素质，才能更好地学习。

扎实开展体育工作，是教育常识。 抓体育就是抓安全、抓质量、抓品质，当然，还包括快乐。 奥林匹克运动会的口号是"更快、更高、更强"，同时也在引领大家爱上体育、爱上运动、爱上自己。

大课间是学校体育工作的重要组成部分，是极其重要的"公开课"，是德育课，是体育课，是美育课，也是心理健康课，大课间的水平往往代表着学校的水平。"五育并举"是学校工作的要求，"五育"之间也是融通的。 音乐响起，师生在操场上迎着阳光，迈着整齐的步伐，呼吸着新鲜的空气，全身心投入。 身体舒展、心灵放松，这就是美好的人生。

学校要把孩子"赶"到操场上，搭建让学生"动起来"的课堂。 一个好的身体，一项体育技能，一群体育伙伴，会让学生身心愉悦，更加热爱生活。"体育强则中国强，国运兴则体育兴"，我们要继续大力发展以人民为中心的体育事业，推动全民健身和全面健康深度融合，向着建设体育强国、健康中国的目标不断迈进。

教育，让人生的美好不断涌动。 生命在于运动，体育爱好和锻炼习惯会陪伴我们一生，让身体随时跟上心灵的脚步。

感恩，是一个人成熟的标准。 体育与感恩有关系吗？ 答案是肯定的。 我们的身体受之于父母，身体好、心情好、工作好、生活好，不让父母担心，就是对父母最好的感恩。 自觉地锻炼好身体，也是一个人成熟的标志，这就是体育的力量。

8　管理要"轻"

如果说有一所学校高三年级的艺术课一直开到了高考前,我们肯定会质疑,会好奇:他们是怎么做到的?

江苏省锡山高级中学的原校长唐江澎认为:"好的教育应该是培养终身运动者、责任担当者、问题解决者和优雅生活者,给孩子们健全而优秀的人格。"锡山高级中学的育人目标受到社会各界的关注和赞许。他们的高三年级是怎样做到一直开设艺术课的?唐校长这样讲:"我的思维方式很简单。你想,高三这一年,能不能让同学们上一节艺术课?我觉得100%的人都会答应,上一节课肯定不影响高考成绩。好,那一学期上一节有影响吗?一个月上一节有影响吗?……我要是一开始就说'每周一节',那肯定不行。所以我慢慢来,不那么着急。现在,锡山中学高三的艺术课已经能够开到 5 月 25 日了。"这就是工作节奏的艺术。

光谷第一初级中学的党政联席会,第一个议程总是集体学习,由一位行政干部领学自己写的文章。大家一起坚持了四年,积累了不少好文章、好做法、好经验,逐渐形成了独特的学习文化。

这一学习文化的形成经历了一个过程。刚到学校的时候,我想从行政干部开始抓学习,营造良好的校园文化氛围。行政人员的集体学习先由我领学,第一学期有 19 周,我每周写一篇文章,谈我对学校工作的思考,谈我对教育的观察与期待。《有些事情不能等》《学习力决定发展力》《教育是唤醒的艺术》《花箱里的烟头》《同事老张》《寻找学校文化的基因》《修建好自己的码头》《经典的力量》《做一个有"钝感力"的校长》《精神一变天地宽》《让光谷一初成为我们喜欢的样子》等文章，讲的都是校园里的人和事，和同志们交流这些，亲切而轻松。第一轮集体学习主要介绍了我的一些工作思路和想法，既为集体学习开了个好头、做好了示范，也成了抓住"关键少数"的校本培训。

第二学期，党政联席会的集体学习依旧从我开始，之后大家依次领学，轮流主讲。同志们欣然接受，准备认真，精彩不断。大家从理念到实践，从标准到细节，从观察到思考，总能结合学校实际提出有价值的建议，总能发现值得深思的问题，让集体学习更有收获、更受期待。如此，激发出干部队伍最大的潜能，让他们与学校发展同频共振，让他们的观点和干劲影响越来越多的人。一件事情做久了，一种方式长期坚持下去，就会成为生产力，成为文化。

干部的水平决定了学校的水平。《"扳命"和"折腾"》《倾听》《两个网络热门话题引发的思考》《做擦星星的人》《教师节活动的一点思考》《幕后的风景》《山不过来，我就过去》《运动是一种生活方式》《学会发现孩子的美》《教育急不了》等，一篇篇深度好文层见叠出，总能切中要害；一次次集体学习凝聚共识，共同讨论和改进学校工作，大家的表现让我惊喜。如今的行政集体学习，已经成为校本培训的一个范例、一道风景。

如果起初我把集体学习作为一项工作任务布置下去，对大家提出这样那样的要求，大家多少会有一些茫然，缺少方向感和认同感，甚至会不习惯或者抵触。有了我第一学期的领学和示范，大家后面做起来就会自然、流畅得多，工作推进时就顺利得多。

校本教研、课堂效率、过关检测是教学质量提升的"三驾马车"，坚持做正确的事，坚持做符合教育规律的事，不需要惊天动地，只需要一点点地进步就行了。 活动即课程，活动的品质就是学校的品质。 我们不断思考、不断创新，搭建育人和成长平台，"谷里读书会""谷里教师讲堂""谷里新年盛典""谷里经典诵读展演"等活动被广大师生认可，活动育人的特质愈发凸显。 坚持做好集体备课，坚持做好"自育课堂"，坚持做好过关检测，制订标准、给出范本、强化训练、及时评价，一些难抓的工作有了进步，学校的全面提升指日可待。

要相信时间的力量，只要我们朝着理想的方向前进，只要做了哪怕微不足道的改变，若干年后也必将展现出这一点点改变的价值。 越过内心那座山，终将看到更大的世界、更亮的未来。

管理是有节奏的。 管理如同爬山，路径的选择很重要，行进的节奏、与谁同行也十分重要。 管理要"轻"，"轻拿轻放"；要坚韧，要持之以恒。

9　书包之"重"

　　书包是孩子们亲密的伙伴，是校园里流动的风景，它们陪伴着学生的每一天，见证着学生的每一天，承载着学生和家长的希望。 随着时代变迁，书名也在悄悄地发生着变化——学生的书包越来越重，学生对学校的感情却越来越轻。

　　前几天学生期中考试，我到各考场巡视，看到走廊上花花绿绿的书包摆放得整整齐齐，如同一道风景，过往的老师都忍不住拿出手机拍下这"书包聚会"的场景。 但是，这些书包的大小和重量引起了我的注意。 我随手拿起一个书包背在肩上，另一只手拎起另一个书包，凭感觉，背在肩上的书包有 20 来斤，手上的这个也有 10 多斤。 不自己背上，我真不知学生们的书包竟有这么重。

　　书包里都装着什么？ 背着这么沉重的书包，一个初中生究竟能走多远？ 我看到不少学生因为书包太重，行走的时候要身体前倾，如同爬山一般，这样肯定会影响骨骼的生长。 他们为什么要背上如此沉重的书包？ 我在沉思时，九年级王正主任也拍下了我背书包、提书包的场面——他应该也在思考。

　　书包，连接学校和家庭，学生每天把希望带到学校，把美好带回家里。 小时候，我们背着书包去上学，是一件很快乐的事。 新的一天，又要见到亲爱的小伙伴们，又可以从书本和课堂中了解外面的世界，桂林山水、八达岭长城、雄伟的天安门、万盛米行的河埠头……其实，每周也就是语文、数学、音乐、体育等几门课程，而且因为没有专业的音乐教师，一学期也上不了几节音乐课。能上一节音乐课，唱一唱《童年》，虽然调子不一定对，但大家唱得热闹，唱得投入，像过年似的。体育课也多是做游戏、自己玩。那时我们的书包很简单，用军用帆布制的居多，再印上一个雷锋像，是属于那个年代的时尚。装上几本书、一个小文具盒，我们背上它跑得飞快。那时，学科少、书包小、作业不多，但读书的快乐并不少。现在，学校建得"高大上"，学科齐全，教师学历更高，学生书包也更加漂亮了。书包由单肩变成了双肩的，还有做成拉杆箱的，能装的书更多了，每次放学回家的路上，自成一道"风景"。但是，书包重了，学生的快乐少了，老师、家长更焦虑了。

前些天，东湖新技术开发区"逐光"教联体暨 J1 学区工作研讨会在光谷二初举行，会议的主题是"聚焦作业管理，提升教学质量"，活动组织得很有深度。作业设计和管理，是关系到学校教学工作方向的问题。《辞海》中这样解释作业："为完成生产、学习等方面的既定任务而进行的活动。"从教学层面来讲，作业是教学工作的出口，是教学效果检查、反馈的方式，更是教学提质增效的科学手段。但作业太多，必会让人厌倦，从而影响教育的品质和方向。作业的数量和质量，决定了作业的有效性。做作业是为了巩固知识，是为了推动学生学会独立思考。无效的作业、重复的作业是不必要的，它们会让学生失去学习兴趣，滋生焦虑。

光谷二初开展丰富多彩的社团活动，加强薄弱学科建设，重视非中考学科，坚持做到"五育并举"，组织好阳光大课间，开展劳动实践教育，就是为了让学生的身体动起来，让学生的思维动起来，也让学生实践活动成为作业的一部分，让作业更多元、更立体，让教育真正发生。

作业是为教学服务的，更应该是为教育服务的。"减轻学生过重的学业负担"绝不是不要作业，而是要研究试题、精选试题，以提升学生的学习能力为目标。

曾经，我认为减少中考科目能减轻学生学业负担，减轻学生书包重量。但事实并非如此。对分数和升学层层加码的追求，对考题无止境的研究，对学校和学生单一维度的评价，都让"减轻学生过重的学业负担"困难重重。但回归教育初心，作为一个教育工作者，我们首先应该关注的是学生的身心健康，其次才是学生走入社会之后的综合能力。

"减轻学生过重的学业负担"，要做到知行合一。聚焦作业管理，就是将问题前置，研究学生，设计校本作业、班本作业，进一步使作业提质增效。管理好学生的书包，要减的是重量，要增的是质量，这是难点。关键是多研究教材、多研究学生、多研究考题，发挥教师团队的力量，研制有针对性的校本作业、班本作业，年年修改，届届优化，及时成册。"一日一题"是一个很好的做法，倒逼教师精选试题、及时反馈。试题的研究能力是教师的必备能力，只有教师走进题海，学生才能真正走出题海。集体备课的质量和集体研究能力，决定学校的教学品质。坚持把这项工作做好，学校工作就会上一个新台阶，走出一条自己的路来。

学校的制度引领也十分重要。光谷二初的作业管理要做到"1688"。"1"是一条规定，就是"22:00 无条件停笔制"，二初的学生做作业到 22:00，必须休息睡觉，未完成的作业请家长向教师报备，任何教师不得为此批评学生；"6"是通过调研找准我校作业的六个问题：作业功能单一、作业缺乏目标意识、作业设计能力弱、作业难度走向两个极端、作业时间长、作业类型单一；根据问题我们制订了作业设计的 8 项质量标准——育人为本、目标一致、设计科学、难度适宜、时间合适、设计新颖、体现选择、结构合理；对照标准，我们拟定了作业设计的 8 个关键要素——作业功能定位、作业目标定位、作业科学性、作业难度、作业时间、作业类型、作业差异性、作业结构。"1688"方案现在正在有序推进中。

　　学生健康阳光，怀抱学习的兴趣，拥有学习的动力，爱学习，喜欢上学，今后才能担负起更重的责任。他们的书包应该成为我们关注的目标，及时发现其中的问题，并共同探索解决之道。

　　行走在学校，总有一些人和事能温暖我们，总有一些场景能引发我们的思考。学生的书包要轻下来，要关注学生的感受，要回归教育的本质……只有改进我们的工作，光谷二初才能承担起自己的责任。

　　书包之重，昭示着教育之重。我希望办善良的、不功利的教育。书包不应该只是一道风景，更应该是教育和人生的远方。

10　抵制"舌尖上的浪费"

生活是最好的教科书，有取之不尽的智慧。面对不同的危机，我们看到了人类生存的巨大挑战，引发了更多深层次的思考。人与自然，应该是一个和谐的整体，相互依存、互相滋养，不应互相伤害。

在这个地球上，人类是强大的、坚韧的，但在各种灾难面前，又显得非常渺小。地球有大约46亿年历史，人类的历史只不过几百万年。地球上可以没有人类，但人类却不可以没有地球——很多人没有认识到这一点。比如粮食问题，尽管我国粮食年年丰收，但我们仍须有对粮食安全的危机意识，要敬畏、珍惜自然界对人类的赠与。浪费资源的苦果，一定是由人类自己品尝的。

地球上的资源是有限的，尤其是粮食。古往今来，粮食安全往往能决定一个国家、民族的发展。唐朝诗人李绅的《悯农二首》发人深省，传颂不衰。"春种一粒粟，秋收万颗子。四海无闲田，农夫犹饿死。""锄禾日当午，汗滴禾下土。谁知盘中餐，粒粒皆辛苦。"直到现在，这两首诗依然深深地触动着我们，我们也一直怀揣着对粮食的尊重和敬畏。

小时候，父亲给我的印象是特别能吃苦、特别节俭，家里的饭菜从来不浪费。父亲有兄弟姐妹八人，在他小时候，能吃饱肚子都是很奢侈的事情。他告诉我，长期挨饿的感觉十分难受，三九严寒，十二三岁的他就必须到百里之外的排湖挖藕，再挑回来补贴家用。走在路上，看到路边的树枝都要捡回来做柴火。 到我这一辈，吃饱不再是问题，物资开始丰富起来。 我在农村长大，从小跟着大人做农活，深知劳动之艰辛，也记住了父亲的教诲，自然尊重劳动、爱惜粮食。

现在的 90 后、00 后、10 后，对劳动的认知不多，很多人分不清麦子和韭菜，不知道水稻是怎样长出来的，不知道花生长在土里，极少有挨饿的感受。 因此，他们对粮食没什么概念，对劳动没什么感情。 没有长期在农村待过的人，很难明白每一粒粮食的来之不易，因而浪费起粮食来，很少有内疚感。 这是城市学校学生的现状，也是令人担忧的问题。党的教育方针强调要让学生德智体美劳全面发展，劳动实践教育对学生有着非同一般的现实意义，劳动须是生活的一部分，劳动是光荣的，是学校教育的重要内容。

毛主席一生南征北战，但总是粗茶淡饭，睡硬板床，穿粗布衣服，生活极为简朴，一件睡衣竟然打了 73 个补丁，穿了约 20 年。 经济困难时期，他自己主动降低生活标准，和百姓一起共克时艰。 伟人的勤俭节约是发自内心的，他为国人做出了表率，他的心和劳动人民在一起。

据统计，2024 年，全世界有 7.33 亿人处于食不果腹的状态。 民以食为天，粮食能救一个国家，也可以难住一个国家。 历史上的国家之争，以粮杀人，可兵不血刃。 粮食一出问题，就是大问题。 粮食是重要资源、战略资源、稀缺资源，但粮食浪费的现象也极其严重。 在学校中，总能见到白花花的米饭说倒掉就倒掉的现象，主要原因还是在于学生极少参加劳动，对粮食没有感情，对未来没有危机感。

习近平总书记一直高度重视粮食安全，提倡"厉行节约、反对浪费"的社会风尚，多次强调要制止餐饮浪费行为。 针对部分学校存在食物浪费和学生节俭意识缺乏的问题，总书记还提出了切实加强引导和管理、培养学生勤俭节约良好美德等明确要求。

学校是一个育人的地方，是一个培养好习惯的地方，是一个承载着民族希望与未来的地方。 为学生做好表率，进一步加强教育示范，进一步加强劳动教育，建章立制，切实加强引导和管理，培养学生勤俭节约的良好习惯，是我们教育工作者的重要职责。 开展师生"光盘行动"，抵制"舌尖上的浪费"，是一所优质学校要做好的基本工作。

前事不忘，后事之师。 世界粮食短缺问题和危机是客观存在的，我们身边有人吃不饱、穿不暖的现象还没有完全消失。 尊重劳动，热爱劳动，珍惜粮食，节约水电，做好垃圾分类回收等工作，能体现国民的素质和个人修养，坚持做好这类教育和引导，具有重大的意义。

诸葛亮在《诫子书》里说："夫君子之行，静以修身，俭以养德。 非淡泊无以明志，非宁静无以致远。"德才兼备的人，其思想、行为对我们起着示范作用，勤俭节约就是一种重要的品质。 能做到节约粮食、珍视劳动成果，就是一个了不起的人；能把节约粮食的教育做好，就是一所了不起的学校。

11　让劳动成为真正的教育

俗话说"民以食为天"，美食，是大家都感兴趣的。 大自然馈赠了我们许多天然食材，在长期的生存活动中，我们也积累了一些劳动智慧。 若能把制作美食和学校教育结合起来，一定是一件很有趣也很有意义的工作。

微生物是神奇的，它能让食物展现不一样的品质，能让我们的生活更"有味"。 平菇、米酒、泡菜、酸奶、腐乳……这些独特的美味，我们都很熟悉。 但是探究它们是如何制作的、了解是什么原因导致食材发生着多样的变化，是一个奇妙的过程。 光谷二初遵循"教育为人生"的理念，以此为切入口，组织教师编写了劳动实践指导手册《舌尖上的微生物》，开展有益尝试，让学习探究走向生活，让劳动教育走进课堂，旨在拓宽教育思路，丰富教育内涵，提升教育品质。

我从小生活在农村，成长在农村，父母常年忙于农活，我很小就开始做家务，洗衣、做饭是常事，有时还做一些力所能及的农活，翻种菜地、插秧、割谷、采摘花生、看管瓜地……一幅幅画面现在还时常在我的脑海里闪现。 那时的我，如同"少年闰土"般阳光和快乐，虽然很累，但有小伙伴相伴，也乐在其中。 那时的我们，早早地接受了生活的洗礼，锻炼了独立思考和独立生活的能力。 少年时期边学习边劳动的经历，给我留下了深刻的印象，至今还影响着我。 在劳动中，我学会了团结合作，明白了坚持方能致远，看见了付出终会有回报，懂得了一粥一饭来之不易，明白该用一辈子来报答父母的养育之恩。劳动为了生活，生活需要劳动，劳动让人快乐。

恩格斯指出"劳动创造了人本身"，说明了人类发展的原因和劳动的价值。劳动改变了古猿的身体结构，手和大脑逐渐发展，产生了语言和意识，最终形成了人类。劳动在人类发展史上有着不可替代的作用，社会也是随着劳动方式的改变而进步的。党的教育方针明确指出，教育必须为社会主义现代化建设服务、为人民服务，必须与生产劳动和社会实践相结合，培养德智体美劳全面发展的社会主义建设者和接班人。教育方针总共才 59 个字，用 16 个字表述了对劳动教育的要求。党的教育方针是学校工作的行动指南，我们必须牢记和自觉践行，做到五育并举，如今，对劳动教育的要求已经上升到国家层面，这是重要而且必要的。

自 2022 年秋季开学起，劳动课正式成为中小学的一门独立课程。劳动教育非常重要，如何切实有效地开展劳动教育，是目前学校教育需要重新思考、亟待加强的问题。我们开设劳动教育课程，创建劳动实践基地，专设劳动教育课教师，开展劳动综合实践活动，就是想让劳动成为真正的教育，让广大学生树立正确的劳动观念，提高自己的劳动技能，习得务实的生活本领。这是生活的智慧，也是朴素的教育原则。

劳动的内涵是丰富的，对学生来说，劳动锻炼是一种不可替代的成长方式，不应仅限于家务劳动。现在生活在城市里的孩子们，做农活的机会少了，但装扮一间教室、种一小块菜地、提高做饭的本领、爱上养花种草、整理好自己的房间、尝试做做志愿者等，这些都是行之有效的、有价值的劳动实践。

世界因劳动而充满魅力。现在，中小学生的劳动技能水平整体上与教育要求还有较大的差距。我们要转变观念、结合学校实际，开展多种形式的切实有效的劳动教育活动。"动教育"倡导建生动的课堂，育灵动的学生，建让人心动的学校。师生都行动起来，就能创造属于自己的美好。　品尝着师生共同制作的水饺、米酒、泡菜和腐乳，我们感受到了一种不一样的教育乐趣，让学校有了家的温暖。　要让多彩的劳动成为光谷二初"动教育"体系中不可或缺的组成部分；要让学生真正在劳动中成长，促进其全面发展；要让劳动成为真正的教育，伴随学生行稳致远。

　　学会劳动，爱上劳动，我们的生活会更加丰富多彩。　自己动手，丰衣足食，坚持劳动，我们会让自己创造价值，拥有价值，从而拥有一个更加完整的世界。

第五篇 办一所让人心动的学校

　　心动是一种感觉,是美好的开始。每一所学校都有自己的气质,让人心动的学校应该尊重教育规律,应该拥有良好质量,应该得到师生认同,应该有自己的行动表达。

1 教育，让人生的美好不断涌动

　　"办一所让人心动的学校"是光谷二初的办学愿景，"教育为人生"是学校的教育哲学。学校以"动教育"为主线，聚焦"悦动课程、生动课堂、灵动学生、睿动教师、联动家校"五个维度，遵循"安全稳定就是教育质量、身心健康才是教育根基、优良质量作为立校之本、服务品质提升学校品位、环境优雅让人宾至如归、多彩活动重在立德树人、教师成长滋生发展动力、和谐关系体现简约团结"八条路径，构建了"一五八"育人模式和文化体系。涵养人文底蕴、促进身心健康、提升服务品质，是学校落实立德树人根本任务、实现高质量发展的举措。

一、拓展育人路径，涵养人文底蕴

　　光谷二初通过课程育人、文化育人、实践育人和活动育人等途径，涵养学生的人文底蕴。

　　首先，整合课程资源，打造无边界课程。这里的"无边界"指打破传统学科课程的边界，发挥学校课程的整体育人功能。学校构建了以"崇德＋"为定位的德育课程群、以"博学＋"为定位的传统文化课程群、以"尚美＋"为定位的艺术生活课程群、以"广识＋"为定位的创意生活课程群等 4 类综合课程，全方位、多层次地厚植学生的人文底蕴。

　　其次，打造"一班一世界"，涵养班级文化。各班级通过打造环境优美、积极向上、格调高雅的班级文化，让每个学生充分发挥自身的潜能与特长，逐步形成"班班有特色，人人有自信"的班级文化氛围。 如 2020 级 902 班的班名是"追风二班"，班训是"尽小者大，慎微者著"，班级口号是"等风来，不如追风去"，班级精神是"纵是微光，也要绚烂"，班歌是《一起走过的日子》，班徽中绘有一个奔跑的人，寓意奋斗的脚步永不止息。 班级三年的活动分扬帆、踏浪、远航 3 个板块整体设计，引导学生热爱学习、热爱生活。

再次，擦亮劳动名片，拓展劳动实践。 学校积极践行新时代劳动教育实践观，组织学生参与校园卫生保洁、绿化美化等活动，如组织学生参与"东湖高新区 2023 年太空种子种植暨师生劳动实践"系列活动，在学校劳动基地"众园"学习种植技术等。 在种植劳动中，教师指导学生翻土、播种，随后制作、张贴植物标签，最后将育苗盘置于温室内，定期浇水、施肥，等待幼苗生根发芽、开花结果。 这样的劳动过程既激发了学生种植的兴趣，又让学生在实践中树立了爱自然、爱科学、爱生命的观念。

最后，点燃"心动艺术节"，丰富活动内容。 学校开展一年一度的"动教育"艺术节活动，引导学生参加"艺术达人"海选，帮助学生树立成长自信，让校园到处洋溢着青春的气息。

二、"体艺心"联动，促进身心健康

光谷二初不断探索"五育并举"新路子，体育、艺术、心理"三位一体"培养身心健康、德才兼备、阳光灵气的"灵动少年"，促进学校高质量发展。

以体健心，舞动课间。 学校始终把体育教育工作摆在重要位置，积极营造健康向上的体育氛围，优化大课间活动，不断在体育实践中创新提质。 常规大课间活动在每周一、周三、周五开展，要求学生入场安静有序，广播体操操练时动作规范、有力，集体跑操活动中队列整齐、口号响亮，塑造阳光自信的精神风貌。"悦动课间"在每周二、周四开展，选取篮球、羽毛球、排球、乒乓球、长绳、毽子等运动项目，注重学生特长发展。 学生可以自选项目，自选伙伴，带着自己喜欢的体育器材在指定项目活动区域伴随着音乐有序运动。 课间活动时间，全体师生在体育锻炼中享受乐趣、增强体质、融洽关系，充分体现了校园的"动"态之美。

"社"彩缤纷，以艺育才。 学校课程管理中心全面升级了社团课程，共开设了体育竞技类、艺术特长类、学术科创类、兴趣生活类等50余门社团课程，如"迎'篮'而上"（篮球社）、"爱'乒'才会赢"（乒乓球社）、"五羽轮比"（羽毛球社）、"跑出未来"（田径社）、"舞动青春"（舞蹈社）、"有点'艺'思"（绘画社）、"'绣'色生花"（十字绣社）、"天籁之音"（朗诵社）、"心灵奇旅"（心理社）、"舌尖上的微生物"（生物社）、"MG魔术"（魔术社）、"手缝布偶制作课"（手工社）等。 学生根据自己的兴趣爱好或特长，每学期可以申报一至二门社团课程。 在"舌尖上的微生物"社团课中，教师先讲解细菌、真菌等微生物的特点，然后带领学生利用细菌、真菌制作米酒、泡菜等发酵食品，将劳动教育与学生的个人生活、校园生活及社会生活有机结合，增强了学生对科学的认知能力，丰富了学生的劳动体验感。

心灵驿站，以爱润人。 学校创新心理健康教育模式，开设心理健康课程，用专业的辅导、贴心的服务，引导师生关注心理健康，营造积极向上的心理文化氛围，持续为学生的健康成长赋能。 学校与精神卫生医疗机构合作，建立联合心理危机干预机制，强化学生心理健康监测和教师心理技能培训及督导，并开设针对学生及家长的心理课堂，为师生的身心健康保驾护航。 学校还开展心理健康月活动，引导师生"用心关爱自己，用爱温暖他人"。 在心理健康月的活动"手绘我心"心理作品大赛中，八年级学生以"爱自己是终身浪漫的开始"为主题，从创造愉悦的感官体验出发，绘制了"日常自我照顾清单"；又如"为心赋能，助力中考"活动中，心理健康教师在充分了解学生的学习状态和需求的基础上，联合体育组为有需要的班级开展团体心理赋能活动，帮助学生减轻心理压力，以更好的状态迎接中考。此外，学校在"人人通"平台上开通了"云树洞"专区，为全体师生及家长提供线上心理服务。

三、营造和谐环境，提升服务品质

为构建和谐校园，营造优美、安全、舒适、文明的校园环境，光谷二初从校园建设、食堂管理、家校共育等方面着手，不断提升服务品质。

校园建设，一处一景。学校总有几处风景，让学生愿意流连驻足；总有几个角落，师生喜欢于此小憩。众园、致远长廊、驿路梨花、三果园、银杏园、阳光书吧、盈寸书屋、百舸争流、闲庭信步、紫藤萝瀑布、花儿与少年……众多园、廊、室及其景观，相得益彰。校园闹中取静的优雅环境蕴含着文化韵味，是师生心灵栖息的港湾。

每"食"每刻，守护安全。民以食为天，师生生活在学校，吃在食堂，管理好食堂是一种能力，更是一种责任。学校食堂一直坚持"明厨亮灶、食材新鲜、监管专业"的原则，不断提升服务品质。

家校共育，同心同行。学校通过成立家长委员会、开设家长课堂、设置家长护学岗、组织常态家访等举措凝聚教育合力。在"一对一"帮扶活动中，党员教师齐上阵，为学生提供全方位的帮助，获得了学生和家长的认可。在教师的影响下，许多家长踊跃参加"爱心家长志愿者护学岗"活动，有效维护了放学时段校园周边的交通安全，保证了良好的育人环境。

办一所让人心动的学校，可远观，可细品，越走近，越喜爱。每一所学校都有自己独特的气质，愿我们的学生毕业离开母校时带走的是良好的习惯、自育的素养和诗意的远方。教育，让人生的美好不断涌动。

2 不一样的风景

仙桃二中是一所有着 440 多名教师的大型学校,学校充沛的"战斗力"首先得益于党员、干部队伍的引领和担当,他们每个人都是一道行走的风景,温暖着菁菁校园。

仙桃二中党总支是一支勇于拼搏、乐于奉献的队伍,有党员同志 70 多名,下设 4 个党支部。学校党总支以"促和谐,加强党的组织建设;讲党性,突出党员队伍建设;树先锋,强化职业道德建设"为主题,推动学校党建工作,在规范办学行为和促进学生全面发展方面迈出了坚定有力的步伐。

一、聚共识、硬规定、强举措,提升基层组织执行力

学校党总支是学校的指挥中枢,仙桃二中抓住班子建设这个关键,着力在增强班子的执行力、创造力上下功夫。

1. 抓好党性教育

坚持学习党章党规,学习党的教育方针、政策,建立了总支中心小组学习制度,固定时间、固定主题、固定主持人,认真学习各类重要会议的精神,认真学习习近平总书记系列重要讲话,认真落实局党组的重大决策部署。总支确定、明晰了办学的方向——有什么样的办学方向,就

会有什么样的办学行为。 办百姓满意的教育，不仅要学生成绩优秀，学生综合素质也要过硬。 校总支始终围绕"阳光育人，全面发展"理念，规范办学，将党性注入学校发展的方方面面。

2. 加强团结协作

定期召开民主生活会，紧扣主题，开展批评与自我批评，沟通思想，达成共识。 班子成员之间经常开展交心谈心活动，统一思想、消除误解、促进和谐。 同时，制订了总支议事规则，讨论"三重一大"事项时，发扬民主，集思广益，调动每位班子成员的积极性，保证了总支决议的权威性和严肃性。 说一尺不如做一寸，领导班子的威信是实干出来的，是团结协作出来的。

3. 实施岗位管理

实施总支成员分工负责制，明确了总支每位成员的工作职责，制订了班子集体和班子成员的权力清单、责任清单和工作清单。 推行精细化管理，对具体工作制订详细工作方案，实施台账管理，明确完成时限，定期督办落实，做到了班子成员间捧台不拆台、补位不越位，总支执行力日益增强。 学校领导班子增强执行力，实际上就是把办学方向搞对，把工作措施抓实，把学习反思加强。

二、搭平台、树典型、抓建设，突出党员干部战斗力

紧紧盯住学校党员干部中的中层骨干，为其打造锻炼平台，提供发展舞台，不断提升先进堡垒的战斗力。

1. 搭建展示平台

深入扎实地开展党员规范办学活动。 搭建了"学习毛泽东诗词"

"特色大课间""五课建设""一师一优课"等展示平台，引导党员和中层干部积极参与"三比一树"主题活动，即比思想觉悟、比教学技能、比敬业奉献，树新时期党员形象。

2. 发挥先锋模范作用

党总支围绕"提高党员素质，规范办学行为，家校和谐共建"的总体要求，积极实施党员和中层干部教学行为规范问卷调查制度。 同时突出一个"带"字，带头遵守作息时间，带头课余培优补差，带头公开座位调整，带头编制导学教案，充分发挥带动示范作用，造就一支"教育先锋、育人模范"的党员干部队伍。 共产党员黄中华同志，是学校团委书记，连续多年担任九年级班主任，还负责两个班的物理教学，教学效果很好。 学校一位物理教师不幸因病去世后，黄中华同志又勇挑重担，最后带了三个毕业班的物理。 他说："这个班的物理总要有人带啊！"这就是我们党员干部的担当。

3. 推进红旗支部建设

切实配强支部班子，严格考核管理，支部书记做到"五个一口清"：党员情况一口清、党建职责一口清、解决问题一口清、活动开展一口清、教学业绩一口清。 进一步规范支部组织生活、"三会一课"、民主评议党员等工作。

三、兴教研、搞服务、抓社团，彰显教职工凝聚力

学校将党建工作与规范办学行为相结合，以党员教师为先导，带动全校教职工专注本职工作，创造了一流业绩。

1. 党员争做教研兴校的领头羊

党员教师积极参与课改，承担教学研究课题，形成了富有特色的"以学定教，以教导学"教学模式。党总支为青年教师"量体裁衣"，师徒结对，开展"青蓝工程"。共产党员刘艳同志，是语文学科带头人，业务精湛，师德高尚。刘灿同学以701分的高分荣获全省高考理科第六名，刘艳就是刘灿初三时的班主任。共产党员王华同志，是年轻的骨干教师，在培养学生的学习习惯上有过人之处。获得仙桃中学高考理科第二名的肖胜昌和第三名的万家炎，初三时的班主任便是王华同志。

2. 党员争做服务群众的先遣队

党总支坚持组织党员教师开展"如果我是学生家长"的主题讨论活动，引导学校党员教师始终牢记使命、心系群众；同时，时刻关心爱护有困难的教职工，积极为患病职工筹款支援、排忧解难。党员教师还走进黄荆社区和十一墩社区，开展义务劳动，参与社区文明共建活动；对学习困难学生进行学业和心理辅导，赢得了广泛好评。

3. 党员争做社团建设的排头兵

学校根据学生的兴趣爱好，组建了书画社、篮球社、足球社、文学社等学生社团，涉及艺术、体育、文学等领域。学校广大党员教师充分发挥专业特长，踊跃为社团学生做指导。在党员教师的领航下，学校社团活动办得有声有色，男子足球队蝉联全市冠军、古诗文竞赛荣获全市第一名、特色大课间展示了仙桃二中学生的风采……

　　汗水记录辛勤，成绩属于过去。 我们将继续坚持"三力并举"抓党建，进一步规范办学行为，进一步提升党员干部的综合能力，进一步提升办学品位和内涵。

3 共同营造优质发展新生态

武汉东湖新技术开发区"逐光"教联体是以光谷二初（武汉市光谷第二初级中学）为牵头校，与光谷七初（武汉市光谷第七初级中学）、光谷八初（武汉市光谷第八初级中学）、格鲁伯学校（武汉格鲁伯实验学校）三所学校联合组成的"共建型"教联体。

教联体四所学校历史同源、发展同型、差异同在。历史同源是指四所学校都是原江夏区、洪山区的偏远农村学校；发展同型是指其都属于光谷需要快速发展的薄弱学校；差异同在是指光谷二初是主城区优质学校，光谷七初和光谷八初是异地重建、正处于由农村薄弱学校向城区学校转型阶段的学校，格鲁伯学校为区内优质民办学校，各有其优势与弱势。

"逐光"教联体以共同缔造更加优质均衡的"教育共富"为追求，根据"共建型"教联体的特点与四所学校面对的发展问题，以"共谋、共建、共管、共治、共享"为行动纲领，确立了"'质'提升，'教'先行，'管'同步"的教联体初期"九字"建设要诀。"逐光聚力，向更加优质均衡的教育迈进"是教联体成员校的共同目标与奋斗理想。

共谋共生，开辟结伴前行的新航道

文化共建，课堂共创。教联体依据各校办学理念，提出"三精"文化定位，即"精心课前准备，精细课堂教学，精准课堂提升"。 光谷二初的"动课堂"，光谷七初的"思喻课堂"，光谷八初的"共学课堂"，教联体每一所学校都可以通过"同课异构"的方式学习其他学校的课堂教学模式。 教师们观摩、评析、反思同一主题的不同课堂教学模式，专业上有了显著的进步和发展。 同课异构联合教研活动给教师搭建了交流平台，通过共研、共思寻找提质增效的路径，促进了教联体成员校共同发展。

资源共享，多层共谋。 一是依托培训督导平台开展多元培训，帮助学校提升师资水平。 依托湖北省教育科学研究院、湖北省科技馆、东湖新技术开发区教育发展研究院指导团开展教师精准培训，推动学科骨干教师教学业务能力的提升，促进教师队伍专业发展。 二是依托资讯服务平台开启资源共享。 有以教师为核心的资源共享，有以学科网、组卷网等为依托的优质校本课程、优质作业资源共享，还有以考试为导向的资源交流。 三是依托教研交流平台开展智慧交流、协同发展，各校教师队伍层层建构、网状链接，以实现横向贯通发展。 四是依托调研评价平台实现智库支撑，指引方向。 教联体基于学科教育过程中的疑惑和问题，组织专家开展调研工作，形成有数据支撑的优质均衡发展的方案智库，帮助教师在基础教育人才培养的道路上找准重点、直击要害，教学共研、成果共享。 根据"逐光"教联体联席会会议精神，建立教联体大教研组制度，以教联体为单位，分别成立了语文、数学、英语、物理、化学、道德与法治、历史、美术8个学科的大教研组，选出8名大教研组组长，各组长根据学科特点，组织和落实"逐光"教联体各学科日常教研活动和大型学科活动。 同时，名师、名师工作室成员、学科带头人、优秀青年教师等组团开展网络名师"优课扶智"行动，通过"交互式教室"开展专题教学，扩大名师优课覆盖面。 开展"问诊课堂　寻求方向""行动研究　共商共享""同课碰撞　异构匠心""以研促教　减负增效""我的

课堂　因你出彩""聚焦课堂　均衡发展"等系列主题教研活动，立足课堂、聚焦课堂、扎根课堂。

教联体遴选优秀教师代表分享作业管理、作业设计心得，阐述作业管理和作业设计的一系列深层次变革，围绕减负增效，从作业设计、作业指导、作业批辅三个方面介绍作业管理的有效做法。教联体内的名师给予教联体内青年教师全方位的指导，充分发挥名优教师"传帮带"作用，提高教联体学校的整体教学水平，形成逐步迭代的校本教研。

质量共测，策略共生。教联体各学科大教研组统一制订教联体内各学校德育活动、教学管理、教学竞赛、检测考试等方面的考评标准，定期联校开展教学质量检测，同步开展学生评教、家长评校、社会评校等绩效评价和群众满意度调查活动，统一实施方案、统一制度要求、统一时间安排、统一活动内容、统一评价标准，并对活动的开展情况及时进行总结分析，精准查找各学校、各学科的不足，共同研究制订提高教育教学质量的针对性措施。与此同时，将检测及测评结果作为教师师德、业绩考评的重要指标，为各成员校确定师资培养发展路径提供决策参考，并将成员校教联体共建成果作为主要负责人年度绩效考核的重要参考依据，促进教育质量整体提高、全面提升。

管理共进，辐射共赢。强教必先强师，教师是教育事业发展的关键，"逐光"教联体教师资源共享，力促各教联体成员校师资均衡发展。成员校对标"做专一、争第一、干唯一、创一流"的能力作风建设要求，开展"日晒常规比教学、每周赛课比业务、每月拉练比管理、季度述职比敬业、年度考评比先进"系列活动，持续掀起比拼赶超、争先创优、竞进有为的工作热潮。每周还组织教联体各学校优势学科教师开展走教、送教活动。

教师的充分交流不仅解决了成员校部分学科师资不足的难题，还带去了先进的教育理念和教学方法，带动了成员校管理水平和教师素质的提升，充分发挥了优质学校、优质师资的示范、辐射、引领作用。 与此同时，通过集体备课、讲示范课、听评课、交流教学心得等活动，每周组织教联体各学校教师双向交流，以点带面，让教联体各学校的薄弱学科不断发展进步，逐步提高薄弱学科教师的素质。 通过教师交流、送教，各校师资配置也更加符合教育教学实际需要，学科建设得到进一步加强，保障了教育教学质量的稳步提升。

共融共创，初尝更加优质均衡的发展成果

课程研究序列化。"逐光"教联体立足实际，从教材学习到线下研学，从理论研究到实践活动，从线上教学到线下实践，多维度有序开展系列学科实践活动，促进学生学科素养的提升。 教联体物理学科的师生代表赴湖北省科技馆开展"科技改变生活"无边界课堂活动，拓展了课堂维度，让学生收获独特体验。"逐光"教联体在光谷二初举办以"点亮科学梦 '逐光'向未来"为主题的首届"动教育"科技节活动，活动采用"主会场 + 分会场""线上 + 线下""展演 + 展示"的方式进行。 光谷二初全体师生，光谷七初、光谷八初的学生和教师代表现场参与，教联体其他师生通过网络直播观看。 此类活动有效促进了教联体内师生的交流，融合了学科实践与课堂教学，实现了综合育人功能。 多家媒体对此类活动进行了报道，收到了很好的社会反响。

课程资源数字化。 软硬件建设是教育发展的重要条件，光谷二初利用"创客教室"，创建以科技为媒介的学习环境，采用寓教于乐的方式，将创客课程、创客主题套件与创新设计相融合，旨在促进学生的身体、智力和情感全面发展，提高青少年的综合实践能力与创新能力，同时也创造有助于青少年全面健康成长的教学环境，为教联体赋能。 利用国家中小学智慧教育平台搭建学科教研群，充分挖掘教联体各学校的名师资

源，发挥学科带头人、骨干教师的示范引领作用，在学校之间开展师徒结对帮扶的"青蓝工程"，推动教联体整体教研水平快速提升。 由此，多名青年教师快速成长为学科教学骨干。 通过数字课程资源精细化标注和知识图谱构建，精准推送适合教学进度与班级学情的优质课程资源，让教联体内学生同上一堂课，实现教联体成员校师生之间零距离交流，让不同学校学生获得同等优质教育资源，为打造高效课堂夯实了基础。

交流轮岗常态化。 教联体内符合条件的教师或行政人员，完成本人申请、学校推荐、教育局审核调配的程序后开展交流轮岗，时间为 1 学年。 交流期间，教师按交流地学校教师工作量完成教学任务，并按要求组织指导交流地学校的教研活动，行政人员以参与指导交流地学校的管理工作为主，并完成相应的教学任务。 轮岗教师享受与交流地学校教师同等的交通补贴，在后备干部确定、职称评聘、评优选模中优先考虑。交流轮岗期间，教联体成员学校的原法人地位、领导班子、教师编制等不随之改变。

制度管理一体化。"逐光"教联体形成了一体化、常态化管理机制，有清晰的顶层设计和工作任务清单，教联体工作领导小组及联席会的工作亦实现了常态化。"逐光"教联体建立了日常教学管理、学校发展通报、研讨例会等制度，实现了教联体内教学协同管理，常规制度、课程建设、教学进度、质量检测等基本同步。 教联体主体学校校长是第一责任人，每学期参与或指导 2 次以上各成员学校的活动或学校管理；每学期至少召开 2 次会议，研究如何解决教联体管理中的相关问题，促进学校文化、管理理念和机制的创新、融合和落实，相互借鉴、相互交流，在统一基本要求的前提下，促进学校个性化发展。

共商共聚，营造"一体化"发展的新生态

在"逐光"教联体不断发展的进程中，也存在以下不足。

　　导向单一。 教联体教研略显扁平化，主要关注学生文化知识的学习，而对"五育"中的德育、美育、劳动教育等涉及较少。

　　体系不完整。 教联体开展的各种教育教学活动，彼此有一定的承接性和关联性，但从整体来看，对教师、教研提升迭代的路线、对学生活动的设计依然缺乏系统的规划。

　　覆盖面不够。 总体而言，统考学科的单项活动开展得扎实有效，但非统考学科（如美术、音乐、体育等）的教研交流力度、深度不够，没有形成百家争鸣、百花齐放之势。

　　接下来，"逐光"教联体将针对以上问题，从以下几个方面入手，作出改进。

　　做好教联体发展的顶层设计。《关于推动县域教联体建设提升教育基本公共服务水平的指导意见》中提出了建立完善内部治理共融共生机制这一任务，还特别强调了要建立教联体成长溢出机制。 这一任务指向的是基于师能提升的学校发展。 接下来，教联体要从团队文化、发展目标、核心任务及年度发展任务等维度明确实践方向，在实践过程中注重"五育"并举，关注"人"的发展与学校、教联体的发展之间的联系，优化师资队伍研训机制，真正做到从育人的高度来指导教联体的各项实践活动。

　　开展多学科教研实践活动。 在今后的建设中，除了组织开展统考学科的活动与课程外，教联体还须进一步开发艺术节、体育赛事、劳动实践等活动项目、活动课程。 通过学校联合、学科联合、学校"PK"、学科融合等方式，打造更多有特色的活动，在广泛多样的活动中加深联结，在深入交流中给学生更多展示平台，弥补薄弱校人少、活动开展不起来的短板，丰富优质校的特长，在共生、共荣中各美其美、美美与共。

　　星光不负赶路人，用"心"回望，逐"光"前行。 逐光之路艰辛而曲折，但武汉东湖新技术开发区"逐光"教联体始终保持着对教育工作的热情和初心。 未来的日子，"逐光"教联体将继续以义务教育的高水平优质均衡发展为目标，努力形成和合共生、美美与共的良好教育生态——这只鲲鹏即将在光谷的长空中扶摇直上、纵横万里！

4 学校管理中的有效沟通

学校管理的对象是人，要促进学校发展，明确前行方向，达成工作目标，形成学校文化，有效沟通是必不可少的。师生之间沟通，教师之间沟通，教师与家长沟通，上下级之间沟通，学校与媒体沟通等，都是教育工作的重要内容。良好的沟通能力是教师、管理干部必备的。

据我观察，学校管理中 70% 的问题都是由沟通不畅引起的。有效沟通自有其价值。对学校来说，有效沟通就是要互相信任，并推进行动，让更多的人加入有效合作，从而形成教育合力。

一次，学校想让一位资深的教师担任班主任，由年级主任来给这位教师做工作。大家会商时一致认为这个安排比较合适，且有沟通的空间。但年级主任与这位教师沟通时，并没有找他单独谈话，而是在大办公室通知，简单几句话后又加上一句"这是校长的意见"了事，结果不欢而散，工作自然也没有安排下去。这样的干部还有不少。他们大多沟通前没有充分准备，沟通时不能理解对方，不能设身处地地为对方考虑，沟通失败是必然的。还有的干部布置工作不铺垫、不解释，简单地转发上级文件，简单地说"接上级通知，要……"，这样就极易造成矛盾。好的干部或教师，能把学校的要求变成教师的共识，把班主任的建议变成家长的认同，这是一种能力，是一种水平，更是一种态度。

稳定的情绪、充分的同理心，能看到对方问题背后的矛盾和需要，是沟通顺畅的前提。情绪是重要的影响因素，有时沟通中的障碍就是双方潜在的情绪。 调整好情绪再开口，沟通才会更有效。 若对方感觉到你和他站在一起，想要和他一起面对问题，一些问题和矛盾就会迎刃而解。

光谷一初推出班级评价方案时，因为赋分的方式引发了一些争论。方案设计的总分是 100 分，若日常工作出现失误就扣分。 教师们认为扣分给人的感觉很冰冷、没有信任，容易造成对立，潜台词就是学校认为教师工作没有做好。 了解情况后，我在班主任会上说明：因为大家工作都做得很好，没有多少扣分点，所以扣分评价这种方式更便于操作和统计。 试想，批改成绩好的学生的试卷，是逐项加分方便还是计算负分来得方便？ 道理是一样的。 扣分点只是我们的工作目标和努力方向。 这样解释后，大家就理解了，就没有什么不高兴了。 站在对方的角度思考问题，是有效沟通的开始。

有效沟通有三大要素：明确的目标，共同的协议，信息、思想和情感的传递。 我们不能想当然地认为你的听众会领悟你没有直接表达出的意思，要避免使用模糊、多义的语言，要根据对象选择合适的语言与内容。

有一位七旬院士回到他的母校，讲了自己年少时的事情：7 岁时他要转学离开，临行前老师的一个有力的拥抱，让他觉得教育是一种关爱；读四年级时，他成绩差，老师一次真诚的家访，鼓励父母和他，让他认为教育是一种期待；初一时他上课开小差看《三国演义》的"单刀赴会"，老师不仅没有没收他的书，还把"单刀赴会"的故事讲了 5 分钟，让他觉得教育是一种宽容和激励；初三晚自习时老师们的默默守护，让他感受到教育是一种陪伴。 院士用自己的故事回答了"教育是什么"。 这样的故事，我们听来感到很亲切，也比讲大道理通俗易懂。

保持合适的距离，选择合适的沟通环境，有利于提升沟通效果。 俗语说："愚者善言，智者善听。"善听、慎说、会说，让沟通更畅通。 而与最难沟通的人沟通一次，就是一次很好的锻炼。

绩效工资方案一直是老师们关心的问题，它也体现一个学校的工作导向和文化。光谷二初 2022 年 4 月通过了一个绩效工资方案，但通过率只有 51%，是勉强通过的，还引起了轩然大波。我到任后听到了一些意见，虽然不愿过早面对此类矛盾，但我知道自己必须积极面对和思考。

要解决疑难问题，一定要理解先行。比如对绩效工资方案问题的解决，我先是确定解决的时间，定在中考之后（6 月 20 日）启动这项工作，避免对教育教学工作产生冲击。随后，我用 10 天时间听取了 60 多名干部、教师的意见，找准大家不满意的主要条款，做到对存在的问题心中有数。座谈的过程其实就是一个极好的工作沟通、感情交流过程，同志们也看到了我诚恳的态度和想把事做好的决心。与部分人的沟通开始是比较难的，大家都不由自主地更多地站在自己的角度思考，平时交流不够，互相理解就有困难。但大多数人还是能站在学校发展的角度、大多数人感受的角度来思考问题，能做到相向而行、互相理解。

在充分听取意见的基础上，学校明确了绩效工资方案的修改原则是"两多两少一鼓励"：增加对带双班、多班教师的倾斜，增加对班主任的倾斜；大幅减少兼职岗位，降低兼职岗位系数；鼓励争先创优、团体作战。据此，组织专班修改方案，又召开三次教师代表大会，听取对修改后的草案的意见，历时两个多月。在组织表决的环节，更是细致准备。本来教代会对方案进行表决即可，但我采用了请全体教师表决的方式，让大家更有参与感，更有主人翁意识。表决会的到会率高，议程庄重规范，新方案通过率也达到了 80%。

从 51% 到 80%，从数字上看是 29 个百分点的提升，实际上凝聚着许多人的心血和付出——大量有效的沟通，使得大家形成共识，凝聚、团结起来，力求建立一个和谐简单、相对公平的工作环境。在整个过程中，工作思路的形成，座谈对象的选择，时间节点的把握，重点问题的突破，工作流程的安排，等等，环环相扣，相互支撑。 在解决学校重大问题时，校长和校委会一定要头脑冷静，有自己的独立思考，把准脉，找到解决问题的路径。

给别人留有空间，也是给自己留出余地。 在沟通中争取别人的接纳，争取别人的理解，争取别人的认同，争取别人的帮助，是我们沟通的方向和价值。

很多时候，我们向上级汇报工作，既要从工作的大局考虑，又要有本单位、本部门的一些思考。 汇报要简明扼要、重点突出，有一定创新，多用数据说话，时间不宜太长，应简洁明了，直指重点。 可以一事一议，但要认真准备思路。

学校要实现有效的沟通，应该从改进会议流程开始，要做到会议如同一堂公开课，有目标、不离题，控制会议进程，让老师内心深处有触动、有共鸣、有期待。 光谷二初行政干部会议的集体学习就是一个很好的例子。 新学期，我提议把体育组的老师从教学楼请到体育馆办公，既能坚守阵地、管理器材，又便于集体研讨、训练。 如今，我把这个议题交给学成中心来做，作为一项工作实践，看看沟通效果如何。

沟通是一门艺术。 急事，慢慢地说；大事，清楚地说；小事，幽默地说；没有把握的事，谨慎地说；没有发生的事，不要乱说……教育是引导人理解、认同、前行的过程，有效沟通会让我们的学校充满力量，会让我们的教育生机勃勃。

5 教育是爱的碰撞

家长是孩子的第一任老师，学校是孩子学习系统知识的园地，社会是育人的真实环境，三者相辅相成，都是高质量育人体系的重要组成部分。家庭、学校和社会协同发力、互相补充，形成共同的教育价值观，是学生健康成长的有效途径，也是教育强国、培养高素质人才的必要条件。

1

前不久，一位家长朋友在"美篇"发了一篇文章——《探访光谷二初食堂背后的故事》，在网上引发关注，点击量"破万"——这足以证明，家长和社会对学生食堂的关注度并不亚于教学成绩。以下是文章全文。

秋天的阳光温厚柔润，在二初的校园里闪闪发光，柔软的云絮在湛蓝的天空中缓缓飘动着，为美丽的校园增添了一抹亮丽的风景。今天，我要造访的不是气势恢宏的教学楼，而是坐落在校园东北角，默默散发着人间烟火气的学校食堂。

校园东北角，这是一个绝佳的位置。武汉夏季多东南风，冬季多西北风，食堂在东北角便可以做到气味不随风而下，"自占一隅"。

食堂门口干干净净的，没有一般食堂常见的湿漉漉、油腻腻的污渍。我注意到，食堂的每个对外通道都做了特殊处理，底部还加了一道半米多高的不锈钢板将下半截门完全封死，阻止老鼠、蟑螂或其他爬虫进入，顶部装有输出强劲电流的灭蚊器，是苍蝇、蚊子等的克星。

食堂工作人员在进入食堂之前，都要在更衣室换上干净的工作服、穿好工作靴、戴好卫生帽，同时检查是否做好了个人卫生，如头发不外露，指甲修剪好，不佩戴首饰，用七步洗手法做好双手清洁工作，等等。

进入食堂，干净的地面让人不忍下脚，这种清洁程度必然是每日严格按照标准做清洁工作的成果。转角处，迎面所见的是各式各样的蔬菜，翠绿的青菜、鲜嫩的茄子、粗壮的胡萝卜，带着泥土的土豆……空气中仿佛还带着泥土的清香。这些蔬菜新鲜得好像上一秒还在田间，下一秒就来到了这里。

蔬菜是日清的，当天用不完的会处理掉。只有这样，才能做到食材日日新鲜。学校食堂的食材要保证健康、营养、新鲜，选择的余地不大。另外，学校人数多，本就众口难调，更何况还是提供给一群从小饮食质量就比较高的娃娃们，要想做到让所有人都满意，几乎是不可能的。因而，食堂在食材上尽力优先保障的一定是营养和健康。每周上千个人的饭菜，食谱的安排也是绞尽脑汁。

穿过备菜区，便来到半成品区。半成品区正在卸货，所有食材分区存放在不同的冷藏柜中。每一样食材入库时都会检查各项购买手续和检验手续。

食堂的厨具、用品，甚至抹布，都清洗得干干净净，在固定位置摆放得整整齐齐。收纳抹布想来只是件小事，但在这里却是不容忽略的细节，是每位员工按照流程和要求严格执行的重要事项之一。小中见大，这样严格管理下做出来的饭菜，想必没人不放心。

食堂中最壮观的莫过于几口大锅。这是餐饮链的核心。要想在这几口锅前举重若轻地挥舞着铁锹般的锅铲，上下翻飞地炒菜，光有炒菜技巧是不行的，还必须有相当的臂力。每天要给上千人做饭菜，师傅们相当辛苦。

食堂只允许用安全又品质好的盐、糖、生抽、老抽、醋、花椒等几种调味品，含有较多添加剂的调味品是不允许使用的。做菜的油是花生油、菜籽油或非转基因的大豆油，花椒粒粒饱满无残渣。从这些细节，也能看出食堂对食品安全的要求、对学生健康的关心。

在食堂墙壁上随处可见工作要求，所有环节都已经拆解到了每一小步。在这里，做饭不是简单地烧个火炒个菜，而是一个重要的项目，每一步都有严格的质量、流程要求。比如哪道门只允许餐车过，进入哪道门之前需要做好怎样的消毒工作……每一个细节都有着严格的规定。

进入取餐室，不但要从脚底开始消杀，还要按照规定二次更衣。餐食从左边的锅装入餐车，餐车再通过右边的专用通道进入取餐区，短短几秒钟就既完成了运输，保证了口味，又保障了卫生。

取餐区非常干净。不光地面，连墙角的柜子、空调、墙上的抹布也都是干干净净的。墙边有一个留样柜，每天每样餐食都要在此处留样，以便出现问题时第一时间通过留样进行排查。这是食品安全应急措施中很重要的一项。

消毒工作间中，一排排消毒柜立在墙边，柜门上贴着消毒类型和消毒的餐具类别。因为餐具是循环使用的，做好餐具的每日消毒，才能让家长放心。使用后的餐具会先在宽大的洗碗池用流水清洗干净，再送往消毒柜消毒。

要保证饭菜的美味可口，离不开保温这重要的一环。从食堂到教室，路程虽然短，但为了保证食物的美味，食堂也给饭菜准备了保温箱。再好吃的饭菜一旦没有了那个热乎气儿，味道就会大打折扣。这也是学校自己有食堂的最大好处，可以在第一时间将热乎的新鲜饭菜送到孩子口中。

从食堂出来，门口的地面也如室内一样干净。墙面上挂了一排排日常管理的记录本，有设备检修表、设备保养记录表、粗加工记录表、食品安全自检表，还有区域卫生工作值日表等。环环相扣，形成了一个完整的质量管理体系。

为了给孩子们提供营养健康的饮食，学校把食堂当作一个重要的项目在运营，建立了严格的流程管理体系、细致的质量管理体系，还有开放式的监督体制。项目管理员和项目成员也都十分有责任心，无论是凌晨五点校长、书记的抽检，还是学校自费购买的价值几十万的存储与消毒设备，无不体现着学校对学生饮食的重视。这样用心地做饭，家长还有什么不放心的呢？

阳光洒在对面教学楼朱红色的墙壁上，温暖夺目。琅琅的读书声让校园充满了生机。希望孩子们能在这样优美的环境中、细致的服务中用心学习，为未来而奋斗。他们未来可期……

这位妈妈写出了食堂的环境之美、用心之美、服务之美……家长眼中的食堂，真实且温暖。家长对学校的支持是一种无形的鼓舞，当学校与家庭相向而行、互相理解时，教育的美好就会发生。

2

俗话说"三岁看小，七岁看老"，家庭教育作为生命教育的起点，对孩子的成长起着重要的作用。教育是爱的碰撞，家长和老师配合越好，孩子就越容易成功。再优秀的老师，都弥补不了家庭教育的缺失；再优秀的老师，也无法完全代替父母在孩子成长中的作用。孩子今后会变成什么样的人，他今后如何对待自己的工作和生活，在很大程度上取决于家庭教育。

学校教育是人类社会发展到一定历史时期的产物，是当今主要的教育形式。学校教育与家庭教育、社会教育的区别在于学校教育具有专业性，以立德树人为目的，为学生健康成长和全面发展奠定基础。在整个育人体系中，学校是联系家庭和社会的一根纽带，学校教育须遵循教育规律，指向学生的成长。在此过程中，家长也要给学校足够的信任，相向而行。

社会是一所综合大学，也是学生最终要去的地方。社会教育作为家庭与学校教育以外的教育，具有形式多样、内容广泛的特点，利用得当会对学生的成长起到良好的辅助作用。现在的孩子了解社会、获取信息的能力超乎我们的想象，但复杂的社会环境对孩子成长的影响又难以预估，因此，树立正确的社会价值观，打造浓厚的文化氛围，胜过很多苦口婆心的教育。社会环境不仅是全面育人的支撑，也是孩子成长的真实场景。

3

教育学首先是关系学。教育的意义告诉我们：家庭、社会、学校教育三者的结合有利于家庭影响力的增强，有利于社会各方共同参与，有利于学校教育体系的建设与完善。有些国家非常重视家庭教育和社区教育，设立了家长教师联合会（Parent-Teacher Association），简称"PTA"，该组织在未成年人教育领域的活动非常有成效。构建政府引导、学校负责、社会协同、家长参与的教育管理体制，有助于形成区域教育的发展合力。学校在构建家校社三位一体的教育体系的过程中责任重大，应该有自己的担当和作为。

　　家庭、学校和社会，对青少年的教育方向应是一致的，共同的教育要求会让学生的学习目标更加清晰，对学习更有兴趣。家庭教育是孩子教育的出发点和基础，具有不可替代的作用。家庭教育又与学校教育、社会教育分不开，家庭教育要协助学校教育，父母要多与教师沟通，不能"各吹各的号、各唱各的调"，不然最后难受的是孩子。社会教育要根据当地的实际情况，与学校做好对接，持有相同或相近的育人观，让学生无论是在学校，还是在社会上，都能感受到共同的期望，这样学生的方向感会更强，更具信心，成长更顺利。

　　不是所有的家长都懂得如何教育孩子。教师除了教书育人以外，还要帮助家长发现孩子身上的优点，让家长懂得怎样才能让孩子更有自信、更优秀。要成立家长委员会，让学校、家庭形成教育合力。把家长请到学校来，了解学生的学习、生活环境，紧跟学生成长的步伐；通过与教师的沟通，了解学生在校表现，更好地辅助教师开展教学；对学校的课程设置、后勤管理、学业要求、学生活动等提出合理化建议，共同推动学生成长。如光谷二初的家长陪餐制度，让学生、教师、家长同吃一锅饭，近距离听取意见，促进学校提升服务品质，建立家校信任关系。

　　家庭是孩子们梦想起航的原点，学校是孩子们冲上云霄的引擎，而社会正是孩子们翱翔的蓝天。作为教育的三大支柱，家庭、学校和社会如何结合，是打造学习型社会需要解决的重要问题。随着生活压力的增大，大多数家长忙于工作，很少有时间陪伴自己的孩子，导致孩子在受教育阶段与家长的沟通较少，容易产生逆反心理。面对这样的问题，不少家长不知如何解决，甚至一谈到孩子的问题就头大，要么选择逃避，要么处理不当而激化矛盾，甚至引发更严重的后果。有些孩子说，家长总是呵斥他们，对他们要求高，他们感觉有点委屈。家长也不得已，说多了怕孩子接受不了，说少了又怕孩子无法约束自己，误入歧途。这个时候，教师引导作用的重要性就显现出来了。

开展家庭教育家长沙龙是解决家庭教育中实际问题的一个好办法。 一次家庭教育家长沙龙，只有十几位家长参加，家长们可以面对面地直接沟通，这样的氛围更为宽松和自由。 教师也提前给家长们准备了一些话题，使家长们各抒己见、充分交流。 家庭教育家长沙龙也成为家校交流方式中最受欢迎的一种，参与人数少，氛围轻松，表达机会多，交流比较深入。后来，学校还开展了线上和线下两种形式的家庭教育家长沙龙，学校每个星期开展 2 个小时的公益直播课，通过不同的方式来讨论某一个问题。 例如，学生的手机怎么管理？ 学生青春期朦胧的感情怎么引导？ 学生的学业目标怎样制订？ 需要学生与家长共同参与的，学校提前通知。 家长若有疑惑，随时可以发言，其他家长也可以加入讨论、尝试解答。

4

光谷二初家长讲堂的活动丰富多彩，家长队伍人才济济，好经验、好资源值得分享。 心理健康、光电产业、前沿科技、新加坡印象、育儿故事等都是受欢迎的讲堂主题，不少大学课程也来到了家长讲堂，成为学校拓展课程的一部分，成为家校共建的社会教材。

亲子关系是指家长和孩子之间的关系，它是每个人生命里最初开始的关系，也是每个人最重要的人际关系，孩子就是在亲子关系中受到熏陶和成长的。

要建立良好的亲子关系，首先，家长要全面提高自己的素质。"其身正，不令而行；其身不正，虽令不从。"父母要注意自己的言行，加强学习，不断提高素质，用实际行动来影响孩子。 其次，不要过分依恋孩子。 孩子是独立的个体，父母应该适时、适度放手。

在良好的亲子关系中，父母不仅爱孩子，还尊重孩子的人格，尊重孩子的个性，满足孩子合理的需求。 这样，孩子才能真正爱他的父母，信任他们、尊重他们，听从他们的教导，形成和谐的关系。同时，父母还要经常给予孩子自主选择权。比如，是学习游泳还是练跆拳道，让孩子自己选择他更喜欢的那一个。对于孩子有能力做好的事情，可以大胆放手，把选择权交给他。学会和孩子交流，真诚地对待孩子，和孩子平等地沟通，以朋友的姿态用心倾听孩子的心声，走进孩子的内心世界，才能拉近与孩子之间的距离，家庭教育的优势就会慢慢显现。

5

学校作为家校社合力教育的核心，要重视宣传，尤其是进入家庭、进入社区的宣传。可以采用家访等形式，走进学生家庭，了解实际情况，宣传学校办学理念和主要成绩，让家长更好地了解学校文化。同时，鼓励教师积极协助社区搭建教育活动平台，定期组织学生及家长参与社会活动。光谷二初离湖北省科技馆、华中科技大学等都很近，这些场馆、大学等也是学校与社会合作的优质资源。

在此基础上，学校逐渐完善了家校社共建课程。如在中国传统节日端午节举办"粽香端午家庭俱乐部"活动，家长与学生一起包粽子，教师指导与点评，颇受欢迎；在"无课行动"中，教师、学生、家长一起走进森林公园，"安营扎寨"，烧烤飘香、歌声嘹亮，关系自然融洽了起来。学校联合社区编写了《舌尖上的微生物》《教育为人生》等读本，把劳动、阅读、社会实践等活动的时间和空间不断延展。

教育是一项系统工程，仅靠学校单方面的力量难以完成新时代赋予教育行业的新任务、新使命，需要与家庭、社会形成合力，构建家校社三位一体的高质量育人体系，三方相互配合、协同共进，为学生创建科学、温馨、完善的教育环境，合理科学地拓展立德树人的阵地，共同促进学生的健康成长和全面发展。

6 做好学校管理的"加法"

2021 年 7 月，中共中央办公厅、国务院办公厅印发了《关于进一步减轻义务教育阶段学生作业负担和校外培训负担的意见》。要落实好文件精神，应切实贯彻落实减轻学生作业负担和校外培训负担的"减法"。对于学校管理者来说，在算好"减法"的同时，更重要的是做好"加法"，全力抓好教育教学质量，夯实学生基础知识；全面升级课后延时服务，推动课后服务挖潜增效，满足学生和家长需求；完善政策落地的各项保障机制，在家庭、学校和社会的多方协同下，良性互动、统筹推进。

一、加强师德师风管理

武汉市光谷第一初级中学将不折不扣落实"双减"政策与加强师德师风管理有机结合起来，站在落实立德树人根本任务、促进学生全面健康发展的高度，不忘教育初心、严守政策底线，规范自己的教学行为，真正让教育回归育人本质。

学校全体在职教师郑重承诺，不组织学生进行有偿补课，不参加校外培训机构任何形式的补课，不以任何形式收受家长的礼金礼品，营造公平且有质量的教育生态，促进教育资源实现更优质的均衡配置。学校鼓励全体教师主动履职尽责，大力提升教育教学质量，积极探索同学科教师交流制度，搭建教师学习与交流平台，通过优秀教师的传、帮、带，促进先进教学思想、先进教学方法的共享，在学校内部实现优质师资的合理分配。

二、加强学生在校时间管理

为了解决学生放学无人管、家长接送难等问题，本着学生和家长自愿参加的原则，学校全面推行了课后延时服务。课后延时服务是服务家长、服务学生的民生工程，是素质教育的新阵地，因此不能把它当成"作业班"，而是要着力深化课后延时服务设计，推动课后延时服务提档升级、挖潜增效，满足学生和家长个性化、多样化需求。学校根据时间安排将课后延时服务分为两个阶段进行，服务内容以学生巩固学习成果、发展学生兴趣等为主。

第一阶段主要进行作业辅导，针对不同水平的学生分类实施。对学习效率较低、作业完成有困难的学生，一对一进行个性化辅导，帮助其提升学习能力；针对学习效率高、学有余力的学生，指导其深化知识学习，发展自己的兴趣。通过差异化课后延时服务，有效提升全体学生的学业水平和素养。

第二阶段主要开展兴趣特长类活动，深化素质教育要求。学校把课后延时服务与"书香校园"活动结合起来，打破班级壁垒，根据实际申请人数组织学生到学校阅览室开展课外阅读；把课后延时服务与兴趣发展结合起来，根据学校师资力量、活动场地等条件，开设体育、舞蹈、声乐、戏曲、书画、科技等 18 个社团，通过一系列活动培养学生的特长，促进学生的全面发展和健康成长。

三、加强课程实施创新

在"双减"政策背景下，课堂教学要实现全面提升学生的核心素养、促进学生全面发展的目标。学校尝试创设以新型学习环境为特征，以改进课程内容实施方式为重点，以增强实践认知和学习能力为主线，以提高综合素质为目标的教学创新，促进学生在自主、合作、探究中提高学习效能，发掘潜能特长。

学校鼓励教师着力改进课堂教学，聚焦如何提高课堂教学质量，以课堂教学设计、教学方式方法、教学评价机制、课堂教学管理等的提升为主要目标，从教材内容、知识结构、学生特点等方面入手，熟练掌握所教学科的知识点，根据授课内容和具体学情设计课堂、创造课堂、创新课堂，把"学"与"习"、"讲"与"练"、"学知识"和"育好人"融合，努力提高课堂教学质量。

教师深入发掘新课程标准中的育人因素，落实学校的教育理念、育人目标，结合年段目标、班级目标，充分调动一切可用资源，发挥特长和优势，培养学生的兴趣爱好，努力开发有鲜明特色的自主品牌课程，与国家标准课程形成优势互补的"组合套餐"，既能完成国家标准课程的教学目标，全面落实立德树人根本任务，又能拓宽学生成长的人生赛道，提高学生成长的质量。

四、加强家庭教育配合度

家庭教育对学生的成长具有不可忽视的影响，要充分发挥家庭作为学生人生第一课堂的重要作用，引导家庭与学校通过经常性的交流互动形成教育合力，真正做到家校共育，助力学生健康、良性、持续发展。

学校建立健全了家校协同共育机制，以班级微信群、QQ群等为平台，建立家庭与学校的有效连接。通过与家长之间的有效互动，共同探讨教育理念，分享家庭教育经验，引导家长树立正确的价值观和教育观，凝聚教育共识，缓解教育焦虑。通过定期举办家长课堂、召开家长参与的主题班会等，引导家长履行家庭教育主体责任，在学校教育之外合理安排学生的课余生活，不再额外给学生布置作业，不给学生安排任何形式的课外培训，充分尊重学生的兴趣爱好和成长选择，为学生营造自由宽松的家庭环境，在家校协同减负中促进学生健康发展。

此外，学校定期举办家长开放日活动，邀请家长观摩学生的日常生活和学习，并指出其中的问题与不足，学校及时响应，从而密切家校关系，让家长更加认同学校的管理。

"双减"政策背景下，学生负担要减下来，教学效率要提上去，学校管理者需要承担更多的责任。学校将深入贯彻落实"双减"工作要求，强化学校教育主阵地作用，处理好减负与提质之间的关系，算好"加减法"，答好"双减"卷，变"双减"为"双赢"，努力提升教学质量，着力构建良好教育生态，确保"双减"工作取得实效。

7 寻找学校文化的基因

文化基因是指相对于生物基因而言的非生物基因，作为文化内涵中的一种基本元素，其主要表现为信念、习惯、价值观等，既有不可改变的特点，又有同类凝聚的功能和认同的力量。

人找不到方向的时候最迷茫，学校发展也是如此。 教育之路千条万条，办学理念多种多样，但大道至简，最终都要指向师生成长和学校发展。 正确的办学方向和目标，会让我们更加接近教育本质和规律，实现殊途同归。

2011 年 9 月，我回到母校仙桃二中工作，这是一个十分"养人"的地方，走出过多位校长、省市教研员、名师，更培养了一批又一批优秀学子。"省级示范中学"和"新加坡在华招生优质生源基地"两块金字招牌也让仙桃二中备受关注。 学校在发展的过程中，也遇到过一些比较普遍的问题，最突出的就是学生课业负担过重。 有一次，一位家长用自行车接孩子回家，孩子太困了，竟打着瞌睡从自行车后座掉了下来，所幸并无大碍。 这件事对我的触动很大。 学生睡眠不足，学业负担过重，影响学生的健康成长，制约着学校的发展，困扰着我和我的同事。

校园应该是最阳光和最安全的地方。 我们的师生为了升学、上"好学校"，却不得不长时间待在教室、专注在题海里，难以走到户外，难得见到舒适的阳光。 学校便以问题为导向，适时提出"阳光育人，全面发展"的教育价值观，引起师生和家长的共鸣。实现学校发展，最关键的是人。校长阳光，就会要求团队有大爱、大气，始终把学生身心健康和可持续发展放在第一位；教师阳光，就会真心爱生、真心育人，从繁杂和低效的工作中走出来，不压抑自己，用生命影响生命；学生阳光，就会快乐学习、快乐成长，充分挖掘潜能，充分张扬个性，"伏明霞"去练跳水，"李小双"去练体操，努力奋斗，争取成功。

我们将校史馆从室内搬到学校的广场上，举办主题为"一路阳光一路歌"的展览，让优秀师生和杰出校友的故事激励广大学生成长。同时，重新设计"阳光五课"（阅读课、跑操课、绘画课、唱歌课、写字课），让薄弱课程成为"阳光育人"的重要阵地。心有阳光，桃李芬芳，足球联赛、篮球联赛、班歌大赛、经典诵读让校园沸腾起来。师生走向操场，拥抱阳光，让学习更加高效，让校园真正成为校园。万物生长靠太阳，"阳光教育"找到了合适的土壤，学生遇见了阳光，校园就会充满青春的气息和向上的力量。师生需要阳光，校园需要阳光，教育需要阳光，"阳光育人"就是仙桃二中寻找的文化基因。

在北京市十一学校的博物馆，还按原样保留着首任校长林月琴的办公室。墙壁上老校长和蔼的照片和简朴的办公室，让人觉得神圣，同时也深受激励。在偌大的校史馆里，没有看到李希贵校长的资料，墙上都是对优秀教师事迹的介绍和表彰。更有特色的是，校友才是这里的主角——这里不但展示了在校学生的各种成果，而且陈列着所有已毕业校友的照片，每一年每一届，一张挨着一张，贴满了整个墙面。进入十一学校，最深刻的体会就是学校的人都好极了，他们开放的胸襟、国际化的视野、超前的教育实践，都让人非常兴奋。学校里高手云集，不少人在专业上颇有成就，但他们都谦虚低调、互相尊重、无私分享，在这样的教育环境中，人人都把自己人性中美的一面充分展现出来，人人内心都是放松的。

十一学校校园中，有与教师育人身份相称的文化气息。这样一个独特的群体，以及他们身上的强大气场，很容易让人着迷。那直入人心的、总让我们感动的精神活力，流淌于这样的气场中，一种创造的冲动让人无法抗拒。在十一学校，每个人都了解学校倡导的文化，它已经成为大家自觉遵循的价值观；每一位教师对自己工作的要求都很高，不断追求创新和突破，研究氛围浓厚。尤其是《十一学校行动纲要》中提倡的"追求卓越，反对平庸，拒绝低劣"，更是在教师们身上体现得淋漓尽致。经过时间的培养，"以学生成长为中心"逐渐成为十一学校的文化基因，每一个教师心中都有了一个大大的"人"字。

每次走进武汉市光谷实验中学，总是被"教育是帮的艺术"这句话所感动。"帮教育论坛"、大课间、物外书吧、"101读书会"，已成为学校的教育品牌；"擦亮一间教室""帮学课堂""自救教师"，是光谷实验中学独具特色的教育实践，这些年学校的发展和进步，大家有目共睹。学校发展也是文化寻找的过程，但文化不在我们的前方，而在我们曾经走过和正在走的路上。教育是彼此成全的事业，有能力和机会帮助别人是一种幸运，"帮教育"是光谷实验中学文化的基因，现在也已经成为师生的语言和行动。

光谷一初地处光谷新中心，在美丽的九峰山南麓，依山而建，凭谷而立。"谷里"校园，闹中取静，山清水秀，在光谷中心城拥有如此绝妙之地，实属难得。"谷里"所指，首先是地理位置，这是一所在山谷里、光谷里的学校；其次比喻一种精神境界：虚怀若谷，静则生慧。谷里好读书，安静是一种力量。"谷里"和"物外"是对应的，也是相互辉映的，追求的是一种读书、办学、做人的境界。

谷里教师讲堂、谷里读书会、谷里书屋、谷里文化长廊，都是师生的精神家园。谷里校园静心、润心，谷里印象俊美、唯美。谷里特色课程有"习惯的力量""经典的力量""笔耕的力量"，还有谷里新年盛典、谷里经典诵读活动，它们正成为学校文化的重要组成部分。"凤鸣九峰，德立一章"主题长廊在朝阳的映照下，诉说着师生的成长故事和一初争创一流的信心。德立厅、竹园、枇杷园、乐学厅、大操场，都是育人阵地。"谷里"逐渐成为一初师生认同的文化基因，我们回归了教育本质、找寻着教育快乐，不断发力，让光谷一初成为我们喜欢的样子。

汉阳墨水湖小学的新校共同体建设给我留下了深刻的印象。学校毗邻墨水湖南岸，湖水浸润，孕育着生命的气象万千。学校提炼出"墨润童年，慧泽人生"的办学理念，找到了学校的文化基因"墨慧"。"兼爱""尚同"是墨家思想的精髓，也是"墨慧管理"的灵感源泉。合唱队小队员的专注与陶醉，烘焙教室小厨师的自信与快乐，心理健康教育的温暖与放松……93 个社团活动，应运而生，顺势而为，让学生对这所建校仅数年的学校充满了喜欢和依恋。"墨慧"文化，它从文化认同走向了课程实践和学校管理，润物无声。

光谷二初是东湖新技术开发区托管的第一批学校，历经了多次蜕变和转型。"动课堂"是基于学校现状提出的一种课堂模式，是倡导以学生为中心"学的课堂"，如今已成为学校质量提升的一把"金钥匙"。经过多年的积淀，"动教育"在光谷二初应运而生，它顺应儿童天性，指向师生行动，是一种生活育人、实践育人、活动育人的教育形式。"动教育"包括悦动课程、生动课堂、灵动学生、睿动教师和联动家校五个维度，是学校发展的蓝图。建生动的课堂，育灵动的学生，办一所让人心动的学校，是光谷二初人的价值追求。"动教育"就是学校寻找的文化基因。

学校工作的核心是文化、教师和课程。"阳光教育"寓意着爱心和向上、向善的美好，"谷里"文化引领师生追求忘我、专注的境界，"动教育"是基于学校问题的实践研究。"帮教育"和"墨慧"管理，既是教育规律，也是生活智慧。一所学校的文化基因来自师生，来自对真实问题的研究，来自过往的教育实践，要符合教育基本规律，立足于师生成长和学校发展。

　　找到学校的文化基因并不难，难的是如何使之成为学校师生的共识和价值追求。寻找学校的文化基因，是为了抽丝剥茧、明确前行方向，更好地达成共识，找到师生心中文化价值的最大公约数，让我们的教书育人工作行稳致远。

8　满身荆棘，编织生命的勋章

在神州大地万家灯火、亲人团聚之时，中国女足勇夺亚洲杯冠军，北京冬奥会隆重开幕，吸引了世界目光，中国光芒在五洲闪耀。精彩的女足比赛和冬奥会是最好不过的假期礼物。

中国女足在半决赛中以点球大战淘汰日本队；在决赛下半场 60 分钟时，还是 0∶2 落后于韩国队，随后竟然连扳三球，终场加时绝杀夺冠！这让所有中国人热血沸腾、振臂欢呼，真是一场史诗般的胜利，铿锵玫瑰再次闪耀，成为全国人民的英雄和偶像！

足球是世界上参与人数最多的球类运动之一，国家足球队代表着国家，每一场赛事都万众瞩目。中国女足能够攻城拔寨、屡立奇功，除了苦练基本功和进行战术训练外，还在于拥有永不言败和能战善战的拼搏精神。永争第一、为国争光是中国女足带给我们的感动。

北京是第一个举办了夏季奥运会和冬季奥运会的"双奥"城市，2022 年 2 月 4 日晚，习近平主席宣布第二十四届冬季奥林匹克运动会开幕。北京冬奥会迎来了诸多国家和国际组织领导人，迎来了世界各地的冰雪健儿。完美的开幕式，精彩的比赛，良好的后勤保障，尽显中国的大国风范。

在本届北京冬奥会中表现突出的中国运动员，是我们的榜样。他们勇于挑战和突破自我的品质，尊重对手、讲求团结的素养，他们与新时代同频共振，将个人奋斗融入祖国发展的爱国精神，深深影响和感染着一代中国青年。

　　吃苦，是人生的必修课。 每一个成功的人，背后都有无数的汗水、泪水，都书写着坚韧不拔。 没有任何人的生活会一帆风顺，没有任何人的人生会一路平坦。 如今，生活条件越来越好，绝大多数人不愁吃、不愁穿，读书、求学成为学生唯一要"吃苦"的事情。"书山有路勤为径，学海无涯苦作舟"，这是古人对读书之路准确而生动的描绘。 要不怕吃苦、不怕受伤，努力奋斗，才对得起自己的青春岁月。 向着自己的目标前进的人，整个世界都会给他让路。

　　我们的人生就像大海里的船舶。 船舶若想要一辈子安然无恙，就只能原地不动、搁浅于港湾。

　　人生不会太顺利。 你看那些痛而不言、哭而不语、迷而不失、惊而不乱的人物，他们就像狂风骇浪中傲立不屈的礁石，更像滚滚黄沙中顶天立地的胡杨。

　　面对困境时，与其喋喋不休地抱怨，不如沉静深思，努力沉潜。 总有一天，在某个明亮的清晨或是美丽的黄昏，我们打开从前的记忆，会发现所有纷繁复杂、困难压力都已消逝于风中，唯有静美的生活镌刻在岁月的年轮上。

　　航行的船没有一艘不带伤。 打开心胸，迈开第一步，坚韧前行，阳光总在风雨后，一切美好，尽在前方……

9 找准办学着力点

这段时间，我们集中学习了党的十九大精神，作为中国共产党仙桃市委员会宣讲团成员，我想结合自己的工作实际谈一谈学习体会。

百年大计，教育为本。习近平总书记所作的党的十九大报告，在"提高保障和改善民生水平，加强和创新社会治理"部分，首先谈到的就是"优先发展教育事业"，并作出新的全面部署，明确提出："建设教育强国是中华民族伟大复兴的基础工程，必须把教育事业放在优先位置，深化教育改革，加快教育现代化，办好人民满意的教育。"这为在中国特色社会主义进入新时代后不断推进教育改革发展、大力提高国民素质指明了方向。

作为一名共产党员和教育工作者，我的内心要更加笃定，用实际行动践行党的十九大精神，坚定不移地投身教育事业，坚定不移地全面贯彻党的教育方针，开启新时代，肩负新使命，踏上新征程。

习近平总书记明确指出："教育是提高人民综合素质、促进人的全面发展的重要途径，是民族振兴、社会进步的重要基石，是对中华民族伟大复兴具有决定性意义的事业。"优先发展教育事业，已成为习近平新时代中国特色社会主义思想和基本方略的重要内容，意义重大，催人奋进。要完成党的十九大绘制的宏伟蓝图，必须优先发展教育。

一是决胜全面建成小康社会，必须优先发展教育，办好人民满意的教育。全面小康能否得到人民认可，经得起历史检验，很大程度上要看教育的体系结构、教师素质、质量水平能否迈出新的步伐，更好地满足亿万学习者多样化需求。人民群众对教育的高满意度，是全面建成小康社会的一个重要标准。

二是开启全面社会主义现代化新征程，必须优先发展教育，加快教育现代化。面对日新月异的科技发展，日趋激烈的国际竞争新形势，习近平总书记深刻指出："当今世界的综合国力竞争，说到底是人才竞争，人才越来越成为推动经济社会发展的战略性资源，教育的基础性、先导性、全局性地位和作用更加突显。"党的十九大报告吹响了全面建设社会主义现代化国家的号角，建设现代化教育、增强全民素质、夯实人力资源是基础。

三是实现中华民族伟大复兴的中国梦，必须优先发展教育，将建设教育强国作为基础工程。习近平总书记高瞻远瞩地提出："实现中华民族伟大复兴，就是中华民族近代以来最伟大的梦想。""'两个一百年'奋斗目标的实现、中华民族伟大复兴中国梦的实现，归根到底靠人才、靠教育。"党的十九大报告特别强调，建设教育强国是中华民族伟大复兴的基础工程。建设教育强国，我的理解就是"强师资，保证优者从教；强管理，保证科学高效；强投入，保证设施设备逐步升级，教师待遇明显提高；强学校，力争优质均衡；强学生，力争德才兼备、全面发展"。

2017年11月20日下午，十九届中央全面深化改革领导小组第一次会议召开，审议通过了《全面深化新时代教师队伍建设改革的意见》。会议指出，全面深化新时代教师队伍建设改革，要全面贯彻党的教育方针，坚持社会主义办学方向，遵循教育规律和教师成长发展规律，全面提升教师素质能力，深入推进教师管理体制机制改革，形成优秀人才争相从教、教师人人尽展其才、好老师不断涌现的良好局面。要重视建好建强乡村教师队伍。党的总书记亲自研究教师队伍建设，非常令人振奋，非常值得期待。

认真学习、贯彻党的十九大精神，作为一名校长，我认为应该做到以下三点。

一、把办学方向抓对

全面贯彻党的教育方针，落实立德树人根本任务，发展素质教育。党的十九大报告要求："要全面贯彻党的教育方针，落实立德树人根本任务，发展素质教育，推进教育公平，培养德智体美全面发展的社会主义建设者和接班人。"作为一名基层教育工作者，我们要把党的教育方针牢记于心，并用它来指导学校的各项工作，同时我们也要结合新时代的新要求，全面系统地、有创造性地将各项工作落到实处。立德树人，要坚持社会主义核心价值观导向，深入开展理想信念教育、爱国主义教育、中华优秀传统文化教育和革命传统教育，促使学生将其内化为精神追求，外化为行为自觉。

德育是教育之本，是学校教育的重要组成部分。我们要通过课程文化、活动和管理育人。德育的主阵地在课堂，在每一节课中，在每一位老师的言传身教中。立德树人，要把握好素质教育的时代特征和内涵。今天，许多老师、家长都已认可了素质教育，但对素质教育的内涵认识不足。许多家长很重视孩子的音乐、美术、作文、奥数的培训，追求各种等级证书，但对孩子们的善良、独立、自主、规则意识、责任心等核心素质的重视不够。我们在教给学生知识的同时，还要教给他们方法，更要教给他们思想和境界。"书山有路勤为径，学海无涯苦作舟"，"勤""苦"二字，是古人对读书的方法和读书的状态的真实总结。读书是积累、修炼，如同庄稼的生长，需要多吸收阳光雨露，多经历风雨，这样才能获得大丰收。吃苦、受挫是每个人都要走的路，可惜不少人认识不到这一点。"严师出高徒""慈母多败儿"是有一定道理的。

现实生活中，我们教育孩子容易走两个极端：一是生怕孩子吃苦，所以孩子得不到锻炼；二是过分强调苦学，孩子苦不堪言。 把办学的方向抓对，就是要遵循党的教育方针来办学。 倘若教育的方向不对，我们用力越猛，孩子成长中的问题就可能越多。 教育的方法不对，孩子的成长就会走很多弯路。

二、把办学着力点找准

要坚持以学生为中心，持续推进教育公平。 教育公平是社会公平的重要基础。 党的十九大报告指出："必须多谋民生之利、多解民生之忧，在发展中补齐民生短板、促进社会公平正义。"此外，还对促进教育公平作出了重要部署。 重中之重是推动城乡义务教育一体化发展，高度重视农村义务教育，这是缩小城乡义务教育差距的标本兼治之策，必将深得人心。

坚持以学生为中心，就是要关心学生身心健康，要关注学生的个性发展，努力找到最合适的教育方式；就是要整合学校资源，以生为本，面向全体学生，真正做到培优补差，辅强更扶弱，让学生阳光成长、全面发展；就是要尊重成长规律，提升学生的获得感，服务学生的终身发展；就是要更加支持教师的专业成长，更加关注教师的职业感受，从而让他们更好地关爱学生、成就学生。

三、把教育改革抓实

新时代已经到来，作为一线的教育工作者，我们要立足本职工作，遵循教育规律，创新工作方法，走在教育改革的前列。 说到中国教育的改革，教育部前部长陈宝生提出过"三个心"：小学阶段要开心，中学阶段要活心，大学、研究生阶段要静心。 我想他这"三个心"，就是教学改革希望达到的效果。 小学的开心、中学的活心、大学的静心，确实符合教育的规律。

　　小学怎么开心？除了我们的课程要更加符合这个年龄阶段孩子们的认识规律，还要留出更多的空间和时间，让他们享受快乐的童年。中学活心，实际上是希望孩子们能够认识自己和认识世界，把自己的心扉打开。大学、研究生阶段的静心，就是学生已经通过基础教育找到一个未来的方向，踏上一条符合自身需求的路径，这个时候他就可以潜心去研究。下一步，我们的改革方向就是陈宝生部长提出的"全面施工内部装修"，这个"内部装修"，最重要的是在课程体系中，通过允许学生自主选择，让每一个学生发现自己的潜能，这也是新高考、新中考改革指导下学校工作的方向。

　　我们过去的教育常常按照教育者的意识把学生塑造成理想中的样子，忽略了学生的意愿。但今天，我们在建设一个以创新作为引领发展第一动力的现代化国家的路上，就特别需要有个性、有专业素养甚至痴迷于专业研究的人才。这个时候，就迫切需要通过教育方式的转变、课程体系的完善，帮助每一位学生发现自己、唤醒自己，最终成为自己。

　　什么是幸福？幸福就是做自己喜欢的事，既能养活自己，又能服务社会。我们怎样才能让学生达到开心、活心、静心的境界？——"内部装修"的任务非常艰巨，全面深化教育改革已经全面布局和开启。我们要把习近平总书记的要求渗透到学校工作中去，渗透到学生学习、生活的每个环节，切实做到让教师用高尚的师德和过硬的师能引领学生全面发展，做好学生健康成长的引路人。

　　教育是面向未来的事业。党中央优先发展教育事业的战略部署让每一名教育工作者都倍感自豪和使命重大。在新的历史起点上，在以习近平同志为核心的党中央的坚强领导下，我们要正视教育工作中的问题和不足，更要拥有教育自信，牢记使命，砥砺前行，以自己的努力回应人民群众的更公平、更优质的教育期盼，为实现"两个一百年"奋斗目标、实现中华民族伟大复兴的中国梦奠定坚实基础。

　　进入新时代，我们每个教育工作者都要肩负新使命，奔赴新征程，贡献新作为。全面学习、贯彻党的十九大精神，让我们每一天的阳光都温暖，每一天的脚步都有力量，每一天的教育都有灵魂，每一天的心情都如沐春风！

10 办一所让人心动的学校
——"动教育"的思考和实践

光谷第二初级中学前身是 1952 年创建的武汉市长山学校，已有七十余年的办学历史。 学校地处光谷腹地，毗邻华中科技大学和马鞍山森林公园，景色秀丽，学风浓郁。

动是儿童的天性。 体育运动、生产生活劳动和社会实践是教育的重要内容，"动"是生活的样态和教育的智慧。 建生动课堂，育灵动学生，办一所让人心动的学校，是光谷二初的价值追求。

寻找学校的文化基因

寻找学校文化基因，是为了抽丝剥茧、明确方向，找到师生心中文化价值的最大公约数，从容地行走在靠近教育规律和教育本质的路上，做到知行合一。

2016 年，光谷二初首次提出"动课堂"教学模式， 立足于"让课堂动起来，让学生思维活起来，让学生成为课堂主人"的教学主张，探寻学生深度参与课堂教学的有效策略。 历经多年"动课堂"的研究与实践，光谷二初在教学策略、模式创新与教育质量提升等方面取得了一系列成果， 2018 年还出版了专著《"动课堂"理论与实践》，该模式获得了武汉市基础教育教学成果奖，并得到积极转化和辐射推广。

2022年8月，光谷二初由华科附中托管回归自主管理，开启优质发展新征程。学校是有生命的，是由充满灵气的教师和学生组成的。"动"是教育的外显特征，是二初精神的展现和传承。经过多年的积淀，"动教育"在光谷二初应运而生，它顺应儿童天性，指引师生行动，是一种生活育人、实践育人、活动育人的教育。"教育为人生"是学校的教育哲学，"动教育"是我们的教育实践。我们认为，教育应该从为分数、为升学、为工作，逐渐走向为生活、为人生。

文化是学校的发展之魂。基于对学校问题的研究，我们构建了"动教育"体系，明确了"动教育"内涵的五个维度：悦动课程、生动课堂、灵动学生、睿动教师、联动家校，这五个维度构成了心动学校的教育蓝图。

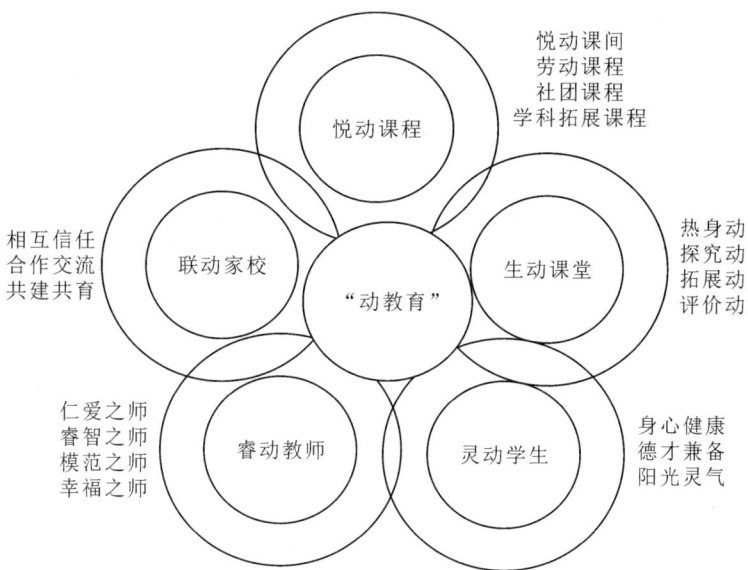

悦动课程包含悦动课间、阅读课程、劳动课程、社团课程、行动德育课程和学科拓展课程等，是"动教育"的主要载体；生动课堂是以学生为中心学的课堂，包括"热身动""探究动""拓展动""评价动"四个部

分，是"动教育"的根基；灵动学生的标准是学生身心健康、德才兼备、阳光灵气，是"动教育"的目标；睿动教师应该是仁爱之师、睿智之师、模范之师和幸福之师，是"动教育"的保证；联动家校要做到相互信任、合作交流、共建共育，是"动教育"的支撑。

"教育为人生"的教育哲学和"动教育"蓝图就是我们寻找的文化基因。大道至简，它让我们的教育回归教育本真，指向师生成长，落实五育并举。

心动学校的行动表达

心动是一种感受，是美好的开始，也是一种"奢侈品"。想要办一所让人心动的学校，我们就要设立自己的目标和标准，我们就要有自己的行动表达。

"动教育"有八条行动路径：安全稳定就是教育质量、身心健康才是教育根基、优良质量作为立校之本、服务品质提升学校品位、环境优雅让人宾至如归、多彩活动重在立德树人、教师成长滋生发展动力、和谐关系体现简约团结。八条路径环环相扣，相互支撑，为心动学校赋能。

安全稳定就是教育质量。细致的安全教育、及时的隐患排查、规范的应急处理、清晰的制度体系，会让学校更加安全。安全稳定是教育质量的观点要深入人心，每一位教师都有责任维护学校安全，每一个人都应成为安全工作的主人。这样，学校才会更加安全，师生才有安全感和归属感，才能安心、舒心地学习、工作和生活。校园应该是一个阳光、安全的地方，有安全感的学校会让人心动。

身心健康才是教育根基。以人为本，首先是以师生身心健康为本，这是对教育的基本要求。开齐课程，开足课时，尊重教育规律，尤其是要重视体育和艺术教育工作。"无体育，不清华"，清华大学为我们树立了榜样。 体艺工作的价值是健体悦己，更能提升生活品质和学习品质。学校每年的体育节、艺术节、科技节是师生最"嗨"的节日，他们展示特长，放松自我，校园里到处是阳光和笑脸，快乐在二初上空飘扬。 习惯赋能，自育行远，习惯教育为学生的成长保驾护航。 身心健康的学校会让人心动。

优良质量作为立校之本。 文化成绩是教育质量的体现，更关乎学生的升学和学校的价值。 光谷二初 2023 年中考普高上线率"破六"，2024年中考普高上线率"破七"，连续 9 年持续上升，这是神奇的光谷二初现象，是最美的质量提升曲线。 看见即教育，人人是主角。 二初学生一专多能，全面发展;二初教师充分发掘学生潜能，帮助他们发现自我。 课堂在变，质量才会变;常规在变，学校才会变。 教书、育人必须兼得，加强非中考学科建设、提升教育质量没有捷径可走。 我们用科学的质量观和绿色的发展观，建构了自己的学校文化，提升了自己的教育品质。有优良质量的学校会让人心动。

服务品质提升学校品位。 民以食为天，我们生活在学校，吃在食堂，在学校的时间比在家里还长。 管理好食堂，是一种责任，更是学校的良心。 明厨亮灶、新鲜食材、服务意识、专业监管，把食堂品质当成教育事业的重要部分来抓。 照顾好大家的胃，才留得住师生的心，保护得好大家的身体。 美食留下的不仅仅是味蕾的愉悦，更是师生对校园生活的美好记忆。 服务品质好的学校会让人心动。

环境优雅让人宾至如归。 教育无小事，一枝一叶都育人。 学校总有几处地方，让学生心向往之;总有几个角落，令师生沉醉其中。 每一处风景都有故事，每一个空间都能阅读。 中庭水景、众园、致远长廊、盈寸书屋、驿路梨花、三果园、紫藤萝瀑布……花儿与少年，相得益彰。闹中取静的优雅环境，浓厚的文化氛围，是心灵栖息的港湾。 八年级季春临同学在文章中这样写道:"校园添了几番新气色，井盖都有了自己的颜色。二十四节气的名称和图案涂在井盖上，顿时让人感受到生命的多彩。"用美好的心去看待世界，会发现万物可爱。干净整洁的厕所、温馨亮堂的教室、整齐摆放的拖把、精神抖擞的门卫、欢声笑语的课间、此起彼伏的歌声，让人有一种宾至如归的感受。环境优雅的学校会让人心动。

多彩活动重在立德树人。教书育人在细微处，学生成长在活动中，活动的品质就是学校的品质。56个多彩社团，极具感染力的开学典礼，穿越时空般的经典诵读展演，青春飞扬的篮球联赛，绽放个性的学生艺术节，师生期盼的新年盛典，神秘高端的科技节，令人难忘的毕业典礼……立德树人，润物无声。学校"动教育"科技节，几十个生动的实验展示，师生同台竞技，一个个科学梦正在萌发，一群群爱科学的孩子逐光而行。光谷二初应邀参加首届"东湖论坛"，成为"百名院士进百校"的基地学校，厚培科普沃土，放飞科学梦想。歌声笑声读书声声声入耳，家事国事天下事事事关心。要让活动适当多起来，要让书包轻起来。多彩的活动会让学生心动。

教师成长滋生发展动力。教师是学校最为宝贵的资源，教师发展，学生才会进步；教师幸福，学生才会幸福。教师成长需要好的环境、需要平台、需要自信、需要更多晋升的渠道。"动教育"教师讲堂、行政干部集体学习、"心动你我"年度人物表彰、名师工作坊、"心灵自留地"读书会、"3X时光成长计划"、教师心灵加油站等，都是我们的教育实践。光谷二初是一个很"养人"的地方，短短两年就有黄娟、关淑婷、章雪蓉、黄婷婷等青年教师在国家级、省级教学竞赛中脱颖而出。生活好了，心情好了，教育才会好。我们服务好了教师，受益的是学生。学校帮助教师把教学常规做到极致，把读书积累作为要事，把主动分享看作成长，把反思感悟牢记心中，教师就能快速成长。一所教师快速成长、优秀者云集、抱团发展的学校会让人心动。

和谐关系体现简约团结。简单的干群关系，让我们能放开手脚干自己想干的事，没有顾虑。工作是生活的一部分，越简单质朴越好。"公平"才能体现每一个人的价值，才能让学校风清气正、阳光灿烂。"关爱"让老师找到职业幸福感，心存依恋。我们学会了欣赏和感恩，就拥有了幸福和快乐。简单的关系让人团结，让人心中充满力量。人际关系和谐简约的学校让人心动。

教育人生的品质追求

对教育工作者来说，教育是为了立德树人，进而认识自己、改变自己、成就自己。不同的教育会造就不同的人生，教育的责任就在于此。

前几天我到八（7）班陪餐，班级淡雅整洁的空调罩吸引了我的注意力——一般只有很讲究的人家的私人空调才会用空调罩。再细看，讲台上的粉笔、黑板擦在一个长方形的盒子里摆放得整整齐齐，班级在运动会上获得的奖杯放在讲台上的醒目处。孩子们一边安静吃饭，一边看《新闻30分》节目，这既能看世界长见识，又是一种很好的休息和放松方式。我甚至有些不舍得离去。一班一世界，一室一风景，若班级和学校有家的感觉，学生肯定会喜欢。

学校的两个大厅经过改造，已变成了客厅式的书屋，装上了光线柔和的灯具，摆上了舒适的沙发。社会各界捐赠的几千册新书摆在书架上，看上去就令人沉醉。孩子们在学习之余，闻着书香，看着窗外的风景，畅游在知识的海洋里。他们在这里能随意阅读自己喜欢的图书，这本身就是一种极好的教育。家长或其他人员来访时会到书屋坐坐，老师们下课后也会来书屋坐坐，书屋深受大家喜爱。缪雨宸同学告诉我，这里是全二初她最喜欢的地方。我想，心动的学校必须拥有好的质量，必须尊重教育规律，必须得到师生认同。

我们明确一条主线，聚焦五个维度，坚持八条路径，打造"一五八"模式和文化体系，这些举措定会让光谷二初的"动教育"生根开花。 这是我们的教育语言，是我们的行动纲领，也是我们的教育实践。

教育的终极目标是为人生。 人生是一片海，色彩斑斓。 教育也是一片海，在航行中我们寻找着教育和人生的智慧。 建生动课堂，育灵动学生，办一所让人心动的学校，不断丰富和完善"动教育"内涵——让我们一起心怀热爱，奔赴远方。

后　记

从容地行走在教育世界里
——黄凤超 34 年教育生活的穿越

人生是一片海,色彩斑斓;教育也是一片海,在航行中我们寻找着教育和人生的智慧……

——黄凤超

黄凤超,现任武汉市光谷第二初级中学校长。这本书是他自己 34 年教育生活的真切感悟。1991 年,他从师范学校毕业走进教育行业,如今已走过 34 个春秋。如果教育生活是一首诗,他享受了 34 年教育生活的快乐与幸福;如果教育是一种价值追求,他始终忠诚于教育事业,不忘初心、砥砺前行,在铸魂育人路上不断提升人生价值,在平凡和平淡中尽展人格魅力。

34 年来,他从乡村教师做起,28 岁任乡镇中学校长,37 岁任省级示范中学校长,44 岁被引进光谷第一初级中学担任校长,2022 年调任光谷第二初级中学校长,不到三年时间,就创造了光谷二初新的教育辉煌。34 年一路走来，他微笑面对教育生活，倾心对待学生，情感炙热、步履轻盈，经历过各级学校教育改革，见证了时代教育创新，在城市教育文化圈里追求教育品质。在每一个岗位，他都是一步一个台阶，不断攀升，不断向着诗意的远方前行，他的教育人生充盈而闪光。

34 年中，他担任了 23 年初中校长，组织上给了他 4 个颇有含金量的荣誉——湖北省优秀教育工作者、湖北省新世纪高层次人才、中国共产党湖北省第十一次代表大会代表，享受省政府专项津贴，但他却心态平和、淡泊名利。34 年的历练，让他对教育有了深刻的理解，对教育人生充满着文化自信。他的愿景是办一所老百姓认可的心动学校。如今，他刚刚走过 50 年人生之路，在未来时光里，他想走得更从容、更坚定、更睿智。

初心：当一名优秀教师

认识黄凤超很久，多次约他进行专访，他总是微微一笑，谦逊地说："我做得还不够好。"他没有那种张力外露的个性，也没有清风明月的秀美，更多的是如清风徐来般发自内心的从容。每次与他交流办学思路、聊教育思想、探讨立德树人实践等，都能感受到他清晰的思维中有时代的教育理性和方略。在他身上，有两个特点非常鲜明：一是任何时候，他的衣着打扮都朴实无华，看上去就是一个朴实的普通教师；二是与他交往久了，会发现他灵魂深处深深印着教育工作者勤耕育人的烙印。著名作家三毛有一句名言："天上飘落一粒沙，从此形成了撒哈拉。"在黄凤超身上，就能看到这种美的光照，看到他对教师职业的本心。

清风不约我自来，花若有情自盛开。黄凤超走上教师之路，最初是受他小学和初中老师的影响。黄凤超自小想当一名教师，只因为在他成长的时代，乡村教师是乡村的文化人；而曾经的老师的影响，让他对这份事业燃起了热情，他心里至今还闪烁着小学和初中老师的影子。可以说，乡村原生态的生活和乡村教师的影响让他有了从事教育事业的初心,让他立志做一名优秀教师。

他小学一年级的数学老师李海东,对教学一丝不苟。李老师把数学知识与情感融合,让很多学生爱上了数学。到了四年级,让黄凤超敬佩的是年轻帅气的史国胜老师。他至今难忘史老师讲解的叶绍翁的《游园不值》:"应怜屐齿印苍苔,小扣柴扉久不开。春色满园关不住,一枝红杏出墙来。"那时,他对诗意似懂非懂,但史老师行云流水的讲解却在他的脑海里挥之不去,在他心中教师的形象也越发高大。到了初中,让黄凤超难忘的是班主任兼数学教师王吉文。王老师是"半边户",当时三十出头,家住农村,经常要干农活,但他气质儒雅,每次走进教室都衣装整洁,看不到一丝忙过农活的痕迹。在课堂上,他满身阳光,用平和、博学、善良赢得学生的喜爱,调皮的学生在他的课堂上也如一湖秋水般平静,学习兴趣浓厚;他的板书端庄严谨,很少涂改,给学生以美感,下课后学生总是舍不得擦掉;他读经典原著,声情并茂、情感自然;他讲历史典故,让学生看见一个自然与诗意的世界。初三的语文老师雷世友,为人儒雅,讲《孔乙己》入情入境,独特的语调让学生自然融入课文的情境之中。三十多年过去了,老师教的知识大多已经忘记,但这群老师,黄凤超一直铭刻在心。有人说这就是"长大后,我就成了你",但黄凤超说自己没有这么伟大,他的初心就是按照父母的期望找一个"饭碗",当一名自己老师那样的教师,成为一缕光,用知识和温度改变他人……

黄凤超身上有一种朴素的人格魅力,虽不耀眼,但坚定从容,令人如沐春风。他始终努力做一名学生喜欢的教师。1991 年 8 月,他被分配回家乡的黄新场中学。这是他的母校,是他学习、生活过的地方,虽然身份变了,但没有丝毫陌生感。昨天的老师变成了同事,学弟学妹成为自己的学生,而且弟弟也在这里读初三、妹妹读初一。当时的他,默默下了决心:要像自己的老师一样教学生。黄新场中学规模很小,初一两个班,初二和初三各一个班。学校分给他一间单人宿舍，既做寝室，又是办公室，虽然简陋，但很方便，一张床、一套办公桌椅，十来平方米的空间里，黄凤超开始了他的教师人生之旅。当时教师少，年轻教师更少，校长让他同时担任初二的物理和英语老师，文理兼修。初出茅庐走上讲台，教学方法靠自己"悟"，好在他与学生的年龄差不了几岁，没有隔阂，不仅教学相长，还和学生成了好朋友。农村中学也有独特的乐趣，自己种菜、自己做饭，他很享受这种有烟火气的生活。工作第一年的寒假，镇里组织全镇教师开展演讲比赛，因为他年轻，学校就让他代表学校参赛。他演讲的题目是《年轻的师魂》，机会和努力成就了他，第一次参加这样的活动，他就获得了一等奖。他的演讲给领导留下了深刻的印象，第二年暑假，他就被调到该镇的胡场二中了。

黄凤超觉得，做乡村教师的这段时间，是他专业成长很快的一个阶段，他内心一直有一种向上的力量。一支粉笔、三尺讲台，寒来暑往，日复一日，从只能站稳讲台到自由驰骋，他逐步成为乡镇的骨干教师。为了增加英语词汇量，他用小纸片做了几千张单词卡，每天带在身上，闲下来就记单词；为了练好口语，他对着镜子，听着录音一句一句地模仿；为了做好课堂整体设计，他多次走出去听课、观课、议课，到武汉、宜昌、襄阳等地学习。每学到一种好的方法，就迫不及待地在自己班里尝试。当时，他带两个班的英语，每周共14节正课，还有4个早读、2节晚自习，经常是筋疲力尽，但精神上却很满足。

他对学生来说亦师亦友。一位姓周的学生，平时上课很活跃，一天上早读课时，他不断发牢骚："这是哪个孤老写的鬼诗，死不好背。"黄凤超忍不住想笑：哪有背书还骂作者的呢！作者都离世上千年了，还要挨骂。在今天看来，这就是课堂的烟火气，是生活的味道。班上还有个姓尹的学生，成绩不错，喜欢拿一些奥林匹克竞赛题问他，表面是求教，实际是有意试探老师的水平。而他总是微微一笑，细致解答，并与学生一起探讨。他认为，这是一种好现象，不仅学生能从中学到知识，他也在这个过程中拉近了与学生的距离。在乡村这片广阔的天地里,他所学的本领全部得到充分利用,除了英语课,他偶尔还"客串"一下音乐课,和学生们一起放飞心情。

34 年来,无论他的身份是普通教师、班主任、教研组长、年级主任、教导主任还是校长,他始终坚持扎根课堂,工作再忙,也坚持带一门课程,上好每一节课。他说,他站在讲台上就踏实,就能找到教育的感觉。2024 年 6 月 19 日 11 时,记者随着他走进他的课堂。那是一节初···的地理课,黄凤超走进课堂,打开电子白板,立刻进入角色,由校长变成了细致认真的老师。他从容认真,三分之一的时间在讲台讲授,三分之二时间在学生中间,学生全情投入,不视其为校长,他们之间只有平等的互动。这一节课主要讲东南亚的山河相间地形与城市分布特点,他先为学生打开一个宏观的视角,从经济状况讲到农作物种植,从不同地域讲到地理特征,让学生从多维视角切入了解自然生态,又让学生具体地认识其地缘生活与文化价值。40 分钟的课堂,温馨、自然、流畅,探究氛围浓烈,给学生以美的享受。

苏霍姆林斯基认为,一个好校长首先应当是一个好组织者、好教育者和好教师。黄凤超认为,他走上教师岗位,虽然受了老师的影响,但最根本的原因还是自己的初心——喜欢校园生活和教师这个职业,并想当个好教师。

治校:修建好自己的码头

泰戈尔在《对岸》一文中写道:"妈妈,如果你不在意,我长大的时候,要做这渡船的船夫。我要自此岸至彼岸,渡过来,渡过去······"学校教育是什么? 黄凤超受这首诗的意境启发,认为学校就是一座码头,不断有人停泊,又不断有人离去;学生就是一艘艘航船,来码头加油,到港湾停泊;教师是一座座灯塔,为孩子们导航、护航,为他们静静守候。作为校长,其使命和责任就是修建好学校这座码头。34 年来,黄凤超当了 11 年教师,剩下的

23 年，前后当了 5 所学校的校长。如果说，一所学校就是一座码头，那么他已守候了 5 座码头。

第一座码头是仙桃市胡场一中。2002 年 9 月，他临危受命担任校长，这年他 28 岁。站在那片土地上，回眸曾经的岁月，十年一瞬，他用青春和汗水表达了对教育的热忱。那十年，正是我国全面普及九年义务教育的攻坚阶段，他从稳住课堂到稳住学生，以不流失一个学生为目标，经历了中国乡村教育的这场伟大变革，自己也在思想上、专业上实现了质的蜕变，从一个青涩的小伙子成长为一位成熟的教育管理者。

胡场一中是一所老牌中学，曾经办过相当长时间的高中，有过辉煌的办学历史。黄凤超就任后，脚踏实地、立足校情，在实践中理解中国教育课程改革，不仅勤耕课堂教学，而且站在更高的层面去思考如何办好乡镇教育。好在他熟悉这片土地，熟悉这里的教育和学生，熟悉教师之间深厚的情感，良好的家校关系、青春的激情和育人的使命，让他尽情地挥洒智慧和力量。作为乡镇学校校长，要做的一是传承学校文化，和学生一起经营希望，让学生看到乡村以外的世界，从而激励学生勤奋学习；二是深耕课堂，研究教与学的方法，让学生学会学习；三是强化师风师德，让教师在乡村的教育土地上绽放生命光彩；四是全面加强细节管理，构建乡镇中学办学模式，打造不一样的精神气象。经过 6 年的努力积累，6 年的默默前行，他让这所老牌的乡镇中学重新焕发了青春与活力，学生人数由 580 人上升到 1500 人，中考成绩连年上升，师生和社会的满意度越来越高。

第二座码头是仙桃市胡场二中。之前，他作为教师，在这里工作过 9 年。2008 年 8 月，他从胡场一中调回这所学校任校长。虽然环境变了，但他管理的依旧是乡镇中学，使命没有变；有了 6 年担任校长的经验，这时的他步履更加从容，站在这片教育土地上，他满目星光，努力去办一所人民满意的学校，去做一名优秀校长。为此，他以争创全市品牌乡镇学校为目标，让教育回归本质，让教育充满阳光与活力。当时，胡场二中的学生，父母多数在外务工,如何让他们感受到学校的温暖,让他们在快乐中自由地成长,成为黄凤超思考的重点。在他心里,育人没有乡村和城市之分,只有成长和未来、知识的传递和品格的构建。他坚持不放弃任何一个孩子,全面培养学生,全力提升教师素养,找寻教育的快乐。3 年一个周期,黄凤超和老师们翻过了一道山,胡场二中成为全市乡镇中学的一面旗帜,直到现在都起着示范和引领作用。

第三座码头是仙桃市第二中学。机会总是留给有准备的人,2011 年 8 月,省级示范中学仙桃二中面向全市公开招聘校长,黄凤超以第一名的成绩脱颖而出,成为仙桃二中校长。这年,他 37 岁。来到二中,他没有旧包袱,而是着力探索这所历史悠久的省级示范学校在新时代应如何发展,力图从更广泛的领域去提升学校的影响力。他在传承名校文化的基础上,也做出了自己的探索:一是打造"阳光育人,全面发展"文化,用新时代育人理念引领学校发展;二是深耕课堂,全面深化课程改革,大力加强薄弱课程建设,改变了传统的教与学方式,让学生成为学习的主人,让课堂充满生命活力;三是构建新时代教师队伍,让每一个教师站在舞台中间,实现全面育人和全方位育人;四是以改革促发展,随着仙桃市全市教育布局调整,平稳地完成了五中和二中的集团化办学,仙桃二中的学生数量达到 4000 多人。蓦然回首,他在仙桃二中走过了 7 年时光。无论是学校的改革和发展、教师队伍建设,还是学校口碑,仙桃二中都上了一个新台阶,学校知名度逐步提升,"爱二中,做主人,讲奉献,争第一"的学校精神一直激励着广大师生。在教师专业发展上,这段时间,仙桃二中先后走出两名湖北省特级教师、两名正高级教师、40 多名省市级名师;在学生培养上,仙桃二中每年有 50 多名优秀毕业生分别进入西安交通大学少年班、新加坡莱佛士学院、华中师范大学一附中、武汉二中、武钢三中等名校,100 多人进入省级示范学校仙桃中学学习。而且,仙桃二中学生的学习力强劲,每年都有 3—5 名该校毕业生考上清华、北大,被百姓称为"清华、北大的摇篮"。

第四座码头是光谷第一初级中学。2018年，他又迎来了一次选择和挑战，武汉光谷招聘校长，作为优秀人才的他被引进光谷第一初级中学（原名光谷九峰中学）任校长。这是一所文化底蕴厚重的老校，学校自然风景优美，设施设备一流。但对他来说，一切都是陌生的，宛如来到一个新的码头，一切从零开始。为了尽快地进入角色，首先，他从情感上融入光谷教育文化，让自己迅速成为光谷教育人；其次，他站上光谷中心城这片科技文化高地，来构筑学校发展远景；最后他从文化构建、教师队伍、教学规范、质量提升四个层面，提出措施以凝聚人心、振奋学校精神。学校更名为光谷第一初级中学后，他招聘名师、培养名师，整合生源，打造新的品牌，利用新的文化亮点让师生的精神面貌焕然一新。在学校文化和教师队伍建设上，也提出了有力措施：一是开办"谷里教师讲堂"，让教师站在学校舞台中间，让每一个一初教师成为光谷创新者；二是邀请教育名家、文化学者走进校园，带来先进、科学的教育理论和知识，同时请名家"诊断"课堂，让课程有了自己的特色。4年时间，他像一个码头工人，每天在码头上稳健而踏实地勤耕细作，更像设计大师对码头进行升级改造，让码头更有时代美感和现代运作的亮点。

黄凤超习惯写日记，从他的日记我们可以看到他那明朗的内心世界。有一篇这样写道：

2018年1月13日，大雪纷飞，我怀揣自己的教育理想，来到武汉光谷九峰中学参加东湖新技术开发区校长公开招聘考试。8月底，组织上任命我为九峰中学校长，开启了我的教育新征程。学校的广场上，有一尊展翅高飞的凤凰雕塑，凤凰是学校的图腾，我名字里也有一个"凤"字，这让我觉得这个校园特别亲切。2019年6月26日，九峰中学正式更名为光谷第一初级中学，我的心情是喜悦的，是感恩的，是充满期待的,我更加充满激情、踏实地修建着光谷一初的码头,让光谷一初融入光谷教育文化圈。

第五座码头是光谷第二初级中学。歌德说,自由与命运只垂青每天努力的人。2022 年 8 月 1 日,黄凤超又遇到人生路上的一个转折点,组织把他从光谷一初调到光谷二初任校长。这是一所拥有多重文化的学校,原属于武汉市洪山区长山学校,本是一所武汉市郊区农村学校,2007 年划归武汉市东湖新技术开发区管理(也是光谷教育托管的第一所中学),被命名为武汉市光谷第二初级中学。为了高起点办好教育,2014 年东湖新技术开发区教育局委托华中科技大学附属中学管理,并加挂了华中科技大学附属中学光谷分校的牌。十几年的蜕变和转型,光谷二初的中考普高上线率由 34% 上升到 50% 以上,办学规模和教学质量有了质的飞跃。

站在历史的新起点上,面对光谷二初新的历史使命,黄凤超没有彷徨和犹豫,更没有盲目地坚持个性,而是从学校实际出发,踏实地前行。光谷二初离开了名校的支撑,如何走独立发展之路?学校中考普高上线率一直在 50% 左右徘徊,如何突破和超越?哲学家罗素说,伟大的事业是根源于坚持不断的工作,以全副精神去从事,不避艰苦。有感于此,黄凤超顺应时代要求和光谷精神,作了多方努力,力求全方位提升学校品质:一是传承学校 70 年积淀的文化,创新光谷二初文化特色,振奋二初人的精神;二是拓展"全力以赴"和"超越自我"的文化理念,带领师生以良好的精神面貌投入教育创新;三是发掘"动课堂"内涵,真正实现知行合一,让课堂充满生命活力;四是从校训精神中进一步提炼出"教育为人生"办学理念,让师生在教与学中找到人生价值与方向。黄凤超认为,这些是师生奋发向上的动力源,也是提升学校文化张力的关键。如果华中科技大学附中托管是光谷二初借船出海,那黄凤超来到这码头,仅用一年时间就使之扬帆启航了——2023 年,光谷二初中考普高上线率第一次突破60％,2024年突破了70％。一年一大步,一年一种新气象,学校影响力迅速上升,师生精神面貌焕然一新。

他还曾在日记中写下这样的感悟：

2022年8月1日下午,到二初与行政干部见面。这是一所熟悉又陌生的学校,社会各界都对其充满期待。告别一段历史,走向新的征程,看尽一路繁花,书写一段风景。离开总有不舍,挑战更是鞭策和激励。

教师：落在生命里的光

泰戈尔在《用生命影响生命》中写道："把自己活成一道光,因为你不知道,谁会借着你的光,走出了黑暗……"清华大学教授周树云创造了万亿分之一秒的"奇迹",她认为在浩瀚的宇宙中,每一个人不过是沧海一粟,在时间的长河里,我们即使只停留非常短的一瞬间,但借由那一束激光所带来的光亮,梦想也可以成为现实。

黄凤超《落在生命里的光》这篇文章,就直接言明了教师的生命价值,论述了教师应如何教书育人。2023年8月20日深夜,武汉夏天的暑气还未退去,黄凤超坐在宁静的办公室内,时而翻阅着老师们的文稿,时而临窗眺望校园外繁华的光谷创业街,闪烁的灯光照在校园内,他灵机一动,领悟到了一个简单却又深刻的道理——教师的辛勤耕耘不就是那一道光么！教育为人生,就是教师用生命影响生命的文化之光。于是,他在日记中写道：教师是一个用生命影响生命的职业,润物无声,朴实无华,因滋养生命而充满生机。因为有光,才有生命；因为有光,才有多彩的世界。受此启发,2023年8月26日,光谷二初第四届"动教育讲堂"上,他提出以"落在生命里的光"为主题,让教师们讲讲2023年光谷二初中考普高上线率"破六"的故事。以下是部分教师的发言。

汤金华：2023 年教育质量的突破，是一批敬业的教师在平凡日子里浇灌出的绚丽鲜红的花朵。58 岁的谌海勤老师担任两个班的数学老师并兼任班主任，58 岁的吴明哲老师是语文老师兼班主任，55 岁的刘春香老师是两个班的英语老师，62 岁的曾双林老师每天 7 点不到就精神抖擞地骑着单车来到学校，还有 58 岁的孙斌老师担任道法（道德与法治）组备课组长……他们都用生命之光点亮了教育事业。

桂齐能：2023 年，学校开展了一系列丰富多彩的文化活动，如研学旅行，赓续红色血脉、传承红色基因历史展演，艺术节，科技节，体育节，书画大赛，篮球赛，种植劳动教育等 30 多项活动，一班一世界，校本课程激发了学生的生命活力。

张大勇：每到课间，我就喜欢站在二楼的连廊眺望操场。放眼望去，满是活动的孩子们，打篮球的、踢足球的、打羽毛球的、打乒乓球的……此时的他们才是最活跃的生命之光。

张薇：学校发展历经了三个阶段。第一阶段，让学校焕发生机，让学校充满活力；第二阶段，规范施教，井然有序；第三阶段，让生命洋溢着优雅，让生活温馨舒适。贯穿三个阶段的内核是美。生命之光，对学生而言，是求知、求美与诗意的教育。

夏胜利：上下班，我总喜走那条幽静的梧桐路。人至中年，不喜百般红紫斗芳菲的繁花，独独爱上了这抹充盈内心的静谧……岁月如风，伴我走过校园里的春夏秋冬。

柳燕："光谷二初每周不一样"，我喜欢遇见这样的情景。老师们带着学生向着朝阳奔跑，同事三五成群沐浴晚霞，校长、书记、干部们都喜爱矗立中庭水景旁，观花开、看雨落、听水声，静静地思考"教育为人生"的价值追求。

亓官石：一年前来到光谷二初，那时的我心中总是忐忑的，随着时间前行，我慢慢懂得了如何用心灵滋润心灵，给学生以精神力量，给他们的心灵埋下真善美的种子，让每一个学生散发生命的光。

田亚娟：担任教师工作已有 5 年之久，时光匆匆，岁月就在绘声绘色的讲课声中、埋头批改作业的笔尖上、上课铃与下课铃的交替中悄然而过，教育的故事在这里发生，教育的美好在这里呈现。

朱俊杰：春天，我带着学生在校园的小树林中上阅读课，学生在繁花绿叶下静静地阅读，他们的宁静专注让我惊喜。春天散发出青春的气息，这就是最美好的一堂生命课。

朱雅婷：学生是有思想、有个性、活生生的人。在学校这片沃土上，在班级这座花园里，在园丁的精心培育下，一朵朵美丽的鲜花正慢慢盛开。在班级这个家园里，师生共同成长，一起绽放。

陈静：一个人接受什么样的教育，就会有什么样的生命力，教育的责任就在于此。

薛丹："教"和"育"不完全是双轨而行的，它们是彼此相生相成的。教学质量的突破，是课堂生命彼此照亮的陪伴。

宫思维：2017 年，怀揣着美好的憧憬，经过不懈努力，我登上了三尺讲台，成为一名光荣的人民教师，并拥有了一处可以耕耘的土地。从此，我慢慢学会了热情播种，学会了用爱心培育，学会了用热爱坚守，心中也有了光。

郭行念：有人说，我是一滴水，但可以拥有自己的沸腾。我把这句话送给孩子们，坚信他们定会用行动来践行青春的担当；也送给我自己，激励自己不负韶华，在平凡的岗位上沸腾起来。

黄勇：借着光谷二初吹起的春风，顺势来一个漂亮的转身，尽力将自己的事业做得圆满，不计较究竟得到了多少，只想越飞越高。教育，不做看客；为人，不虚度光阴，不负青春，不悔选择，做一个真正的智慧教师。

李慧羚：我曾经上一节公开课，熬到下课转身的一瞬间，眼泪再也忍不住了。学生的"对抗"让我筋疲力尽、喉咙嘶哑，这一刻我倍感委屈难受。之后，我正视不足，从老教师那里学会了亲近学生，和谐了师生关系，学生成长了，我也找到了育人之道。

袁芊：一晃五个春秋过去，岁月记载了我所有的喜怒哀乐，在时光里我始终坚持用心抚摸孩子们的心灵，用心聆听孩子们的呼声，用热情迎接孩子们的笑脸……这时光，刻着我每一个成长的脚印。

邹惜：眼泪，或由于感动，或由于恼恨，或由于欣喜，见证了我的个人成长。初为人师，手忙脚乱、毫无章法，妄想以老师的威严压住学生，却往往适得其反。后来，我慢慢学会换位思考，提高自己的共情能力，用心"看见"学生，终于走出了迷雾，拨云见日。

章梦洁：这几年，笑容越来越多地出现在了我的脸上，2023 年的突破让我忘记了往日流下的泪水，这三年的努力有了回报，我看到了教育理念和教育信仰的光亮。

林海霞：我在教师岗位上已工作 20 多年了，回想自己这些年的教育经历，真的成长了很多。随着年龄的增长、角色的变化，从一个孩子的妈妈到两个孩子的妈妈，我也越发明白用心教学生是教师的责任，我找到了属于自己的"教育宝典"——一颗爱学生的心。

……

在"动教育讲堂"里，黄凤超一边听一边思考，听教师们讲时光里的故事，赞美那些落在生命里的光——教师日复一日吐纳的生命价值之光。

育人：花开在眼前

黄凤超认为，初中是学生成长承前启后的阶段，每一寸光阴都灌溉着成长，每一天都不一样，每一节课都能获得知识的增长，每一个行为的改变都发生在眼前。他认为，这是教育规律，也是学生成长的规律。三年的初中教育对学生来说如同一场穿越，从小男生变成大男孩，从小女生变成大姑娘，从少先队员到共青团员，从蒙昧无知走向坚定选择，每天在校园里演绎着精彩的成长故事。同时，校园是一片生命丛林，只要教师不断耕耘、施肥，学生的生长欲望也会被激发出来，最终深深扎根，成为生命旺盛的树木，成为最好的自己。

他认为，花开在眼前，一是指学生三年的成长，二是指教师勤耕的期待，三是指发生在校园的诗意教育生活，四是指中考学生精彩的故事。2024 年 2 月 17 日夜，他在办公室内写下这段文字：

> 孩子们是希望的花朵，千姿百态，灵动向阳；老师们是一方花圃，用宽广的胸怀接纳所有的学生，让学生成长有根基，不孤单；学校是一片生机盎然的花园，春兰、夏荷、秋菊、冬梅，花开有时节，四季有芬芳。花开在眼前，珍惜每一秒时光。

光谷二初连续两年中考成绩实现突破，就是学生"花开在眼前"的实证。于是，2024 年春季的"动教育讲堂"，就以"花开在眼前"为题，让教师们讲述"百花"的故事。以下是部分教师的发言。

刘文君："聚是一团火，散作满天星"，每一名学生都是一颗星星，在三载四季中闪耀着自己的光芒，有幸遇见，见证他们逐梦路上的满满星光。

关淑婷：每一天都是值得期待的。涂妙昕同学在她的家校本上给我留言："2024 到来了，我从来二初到现在，经历了很多，生活中的点滴美好都能成为滋养身心的养料，在这所学校我真的很快乐。"

程思：小汪同学很聪明，不过自觉性不高，注意力有点不集中，英语成绩比较弱，于是，只要他有一丁点进步，我就"夸大其词"地表扬他、鼓励他，寻找机会耐心地帮助其进步，经过一段时间的鼓励，终于守候到"花开"。

蒋程婧：我们班的小希同学，英语学习缺乏方法，丧失了兴趣和信心，但她愿意配合老师并努力，每天都认真完成作业，不懂的题目就做好标记。她有时候有些松懈，我会及时提醒，并做正确的引导。现在，她的听写成绩越来越好，以前一句话都写不全，现在正确率已近80%。

付学敬：吴磊刚刚进入初中时，由于基础比较薄弱，学习十分吃力，性格比较内向，上课经常开小差。每次看到他眼神呆滞，我就故意引导他回答问题，把他的思绪拉回课堂。我还经常利用课间帮他解决作业中的问题，表扬他的点滴进步。渐渐地，他变了，作业态度和质量都有提升。

李庚：我来二初工作的第一年，班上有个学生数学成绩第一，但我渐渐发现这个孩子内向、不善于表达，于是我和他来了个简单的约定——每两节课发言一次。慢慢地，他翻过了这座山，一个月后，他成为班上的数学课代表。

庞霞：那天，我一瘸一拐地走进教室，几个平时表现不怎么突出的同学凑过来问："老师你的腿怎么了？""您慢点，把书给我拿。""老师你尽量不要站着，坐着讲课。"一瞬间，我感受到了学生的成长。

林立平：一次，904班两位同学在课堂上起了争执，男生脾气倔，一根筋，女生执拗，两人都不让步。此时，我一没有问事情的原因，二没有批评这两个同学，而是当面"表扬"，随后私下分别有温度地给他们说理，收到了很好的教育效果。

黄英：一次家长会，班主任安排15分钟给我发言。我看到家长们满是期盼的目光，整间教室鸦雀无声，我大约用了5分钟讲了学生们成长的故事，得到了家长们的肯定。家校共育，达到了"教育一个孩子，影响一个家庭"的教育效果。

王正：教育之路，并不是一个人在走，而是要陪伴学生一起走过那些充满泥泞的道路、充满欢声笑语的青春之路。2023年中考前的两个月，一个篮球特长生突然不来学校了，面对他情绪的波动，我前前后后进行了20来次的谈心、聊天，一次次地开解、引导，终于将他带回了学校，最后他考上了省重点学校。我确实看见了孩子的改变、进步与成长。

卜姝：初中学段的孩子正处在规则意识敏感期，是非观念较为模糊，自我中心的思维特征明显。要让他们养成使用文明礼貌用语如"请""对不起""老师好"的习惯，不是一堂课就能实现的，要在日复一日的熏陶和各种活动的影响中逐渐形成。

蔡金娥：我班有一个孩子，他做事很慢，表现很普通。为了帮助他，有一段时间，我天天点他回答问题，慢慢地看到他在一点一点地进步，最后有了跨越式的提升。

张江红：一天午休时间，办公室突然来了一个男生，他高兴地叫道："老师，您还记得我是谁吗？"我努力回想，但实在无法认出来。他说："我叫全弘轩，我挺想您的，虽然您当时对我很严格，但是我知道那是为了我好。"毕业的孩子特意回学校来看我，那一刻我看到了花开的美丽。

在黄凤超的日记里，有一段富有诗意和哲理的感悟：

大自然中的好东西是缓慢的，太阳一点点升起，春雨一丝丝洒落，花儿一朵朵开放，谷物一天天成熟，大海由一湾湾细流汇成。学校是一方美好的天地，有苗有花，有树有果，有少年的欢歌笑语，有园丁的辛勤劳作。花开在眼前，不仅是指静待花开的浪漫，还有美丽蜕变的惊喜。

2024年6月底，黄校长打电话告诉我，光谷二初2024年中考普高上线率突破了70％！电话里,我能感受到一个校长心脉的剧烈跳动。黄凤超说,2月出征,5月催枝,花开在6月,一切都发生在眼前！花开不是考场的临时发挥,而是岁月与知识的积累,是教育人的孜孜不倦的追求!

愿景:办一所心动学校

光谷二初,是黄凤超在校长岗位上的第五个平台。就职后,他首先思考的是给学生一种什么样的教育,这所学校适合怎样的发展方向。他认为,办好学校关键有两点:一是要回归教育本质,真正发挥学校的功能去培养人;二是要真正促进教师的发展,其核心是专业发展。于是,他在调研的基础上又与教师们进行思维碰撞,最后确定学校发展愿景为"办一所让人心动的学校"。

那么,什么是心动学校？黄凤超心目中的心动学校,不是以分数论质量,不是论排名说教育,而是要追求学校品质,追求育人的亮度。他认为,"心动"在一定意义上是学校教育价值的体现,体现学校的教育张力与育人活力,它是吸引眼球的一束灿烂的光;或者说"心动"是一种对人和事的直观感受,是一种美好的感觉。

在整体行动构架上,黄凤超归纳为"一根主线、五个维度、八条路径"模式。"一根主线",是"教育为人生"的教育哲学;"五个维度",即悦动课程、生动课堂、灵动学生、睿动教师、联动家校;"八条路径",指安全稳定就是教育质量,身心健康才是教育根基,优良质量作为立校之本,服务品质提升学校品位,环境优雅让人宾至如归,多彩活动重在立德树人,教师成长滋生发展动力,和谐关系体现简约团结。他认为,心动学校即文化有亮度,教学质量一流,学生全面发展,校园生态绿色,教师育人有方法,活动特色鲜明,社会口碑良好,学校走出光谷,融入大武汉,走向全国。

与此同时,在构建上着重于六大方面。

第一,学校文化有特色和亮度。面对光谷二初厚重的学校文化底蕴,黄凤超没有否定和重构,也没有照搬之前管理的四所学校的文化建设思路,而是从二初历史文化和地域文化中进行提炼、传承与创新,理清新时代教育思路,凸显光谷教育人的追求,逐步打造光谷二初文化个性。他认为,新时代学校文化以立德树人为目标,一是要体现学校精神文化,以人文精神打造学校新气象,如确定办学目标和校训等;二是打造校园显性文化,以优美的环境文化滋养师生心灵,如布置楼道、读书角、名人经典语录展板等,让师生感受到教育无处不在;三是以铸魂育人为指向,培养师生的自信心和文化气质,包括师生人格个性和学校文化个性,如"我是二初人"等,将学校教育特色与人文精神融为一体;四是以文化活动为载体,营造积极向上的校园文化氛围,如每年举办的各种文化活动,让每一个师生都有机会站在舞台中间,表达人文情感、展示个性魅力,激发教师们的教育热情、学生们的学习热情,折射出学校文化的重要价值。

在学校精神文化层面,黄凤超认为,学校历史文化中有三个文化表达很有价值,一个是求实,一个是严谨,一个是超越。因此,在学校文化体系构建中,他一方面继承这些优良传统,一方面开拓创新,最终打造了如今的文化体系。

近几年,光谷二初是笔者常去之地,每次去都会有变化,每次都让人眼前一亮。一是校园文化环境的改变,学校建筑虽然很美,但随着时光的流逝,逐渐老旧的校园对师生来说早已没有了新鲜感,黄凤超却没有大拆大建,而是将几十年沉淀的文化不断赋予新的含义和表现形式。例如,房前屋后添几盆开放的绚烂鲜花;为路边草地、花丛中沉睡的山石镌刻带有教育内涵的名字,从此山石有了生命的灵气;又比如图书角的温馨提示"做文明读者,创和谐环境,享心动空间";过道里写着"用一个今天超越昨天";将各类景观命名为"闲庭信步""驿路梨花""杏园"等,给自然文化增添别样意境。二是精神气象的改变,每次走进校园,安谧中带着清新的气息,匆匆而过的教师、自由烂漫的学生，柔和的光色，给校园增添了不一样的感觉。三是审美文化设计，让校园空间优美起来。例如，每次"动教育讲堂"开讲，讲堂门口都会展开一张红地毯，两边陈列着演讲教师的海报，这场景，如同电影节明星漫步红地毯一样，不仅是美的展示，更表现了一种文化自信。每一个参加活动的人，都愿意驻足欣赏，享受这校园之美。再如综合楼大厅，因文化设计已经相对老旧，黄凤超便细细地琢磨，从美学空间安排到陈设内容，都有丰富的内涵，原本简陋的空间丰富多彩了起来。综合楼大厅正中间原有一个穹顶，阳光透过穹顶洒在水泥地上，感受不到建筑之美。2023 年 8 月 26 日，笔者来到学校，发现大厅圆顶下，一块巨大山石、喷泉与穹顶相对，山石正中书镌着"教育为人生"几个红色大字，育人文化就此彰显。黄凤超说，这样设计，一是为凸显文化美学，寓意天地浑然一体；二是学校办学理念镌刻其上，让师生体验到生命价值，人文精神与自然感受合二为一；三是喷泉水珠飞溅，山石四面池水环绕，岸边鲜花绽放，投射出校园文化与自然灵气，既有生命荡涤之气，又有滋润灵魂的慰藉。休息时间，总有师生在此驻足凝望和欣赏。有一位教师就曾感叹，每当心情不好时，在穹顶下的喷泉边站一站，注视"教育为人生"几个大字，心情就渐渐平静了下来。黄凤超对自己的这一创意和设计也很满意，每次讲解时，脸上总是露出自信的光彩。他在一篇日记中写道：

> 学校中庭水景，有山有水，有鱼有花，清澈的泉水，潺潺的流水声，能让人近距离感受生命的舒展，细听大自然的声音，十分亲切。中间泰山石上的朱红大字"教育为人生"，每天在注视着我们，提醒着我们思考——我们从何而来？教育到哪里去？这种文化，能够滋润心灵，赋予生活意义。

第二，拥有一支专业素养高的教师队伍。无疑，教师是办学的主体，教师选择了二初，生命就与二初紧紧相连。在我国第 38 个教师节，黄凤超以"心有阳光，桃李芬芳"为题，寄语光谷二初 12 位从教了 30 年的教师，赞美他们把青春岁月献给了教育事业，把智慧和汗水献给了学校和学生。他认为，这些教师已走过30个春秋，一万多个日夜，一路走来，披星戴月，一年又一年、一届又一届，甘做摆渡人，践行了教育人生价值，书写了最美的教育人生。

"教育为人生"也是一种看得见的教育生活，是二初人的教育初心与梦想。因此，黄凤超把教师队伍建设当作重中之重来抓。一是开展"动教育讲堂"活动，一年两次，教师讲他听，专家点评指导，一方面促进教师对教育的思考，一方面反思教师的成长。三年来，已经有一百多名教师站在讲台上分享了自己的成长故事，论说育人的方法和路径，探究课堂转型和课程改革的得与失，每一个教师都有收获和成就感。二是在全校开展面向教师的写作竞赛活动，促进教师反思，提升教师的人文素养。三年来，先后有六十位教师的文章在省级以上报刊发表，提升了教师的思考和写作能力，让教师看见了自己的成长。三是全方位进行校本培训，从课堂转型到课程教研，从学情分析到育人方法探究，从班级文化构建到活动设计，从磨课到参赛，从人文交流到学科融合，校内与校外相结合，专题与项目相结合，传统方法与现代方法相结合，全方位实行教—研—训一体化，人人有规划、个个有目标、一师一风采；同时强调"六个一"——读一本教育教学专著、写一份高质量教学设计、写一篇教学反思、精心出一份测试卷、做一个多媒体或微课课件、精心上一节公开课。

他认为，教师心动，学生才心动；教师优秀，学生才优秀。为此，学校制定了"3X时光成长计划"，两年时间就积累了教师们的100多万字，还有黄娟、关淑婷、章雪蓉、黄婷婷等青年教师在国家级、省级教学竞赛中脱颖而出。目前，学校教师队伍整体素质得到全面提升，174名教师中有研究生48人；市级及以上名师3人，区级名师22人；2023年获奖150人次，其中国家级7人次、省级9人次、市级48人次、区级86人次；近3年1人成长为校级干部，3人成长为中层干部。

第三，课堂模式应是灵动的。2016 年，光谷二初首次提出"动课堂"教学模式，立足于"让课堂动起来，让学生思维活起来，让学生成为课堂主人"的教学主张，探寻学生深度参与课堂教学的有效策略。应该说，这是课堂改革的一种探索，并取得了明显的效果。黄凤超十分熟悉课程和课堂，无论是在乡村学校还是在省级示范学校，都能精准把握初中课程改革的要点。来到二初以后，他看到了"动课堂"的价值，采取传承、深化、创新的方式，建构起"动课堂"模式体系，并从悦动课程、生动课堂、灵动学生、睿动教师、联动家校五个维度理清思路，提高了课堂效率。

第四，校园生态应是绿色和谐的。黄凤超认为，心动学校，不仅要有教育质量，还应有自然生态文化涵养。十年树木，百年树人，自然界的一切相互依存、和谐共处，这是自然规律。因此，作为人们生活环境的学校也要有几处学生愿意流连驻足的地方。百草园、致远长廊、驿路梨花、三果园、银杏园、阳光书吧、盈寸书屋、百舸争流、闲庭信步、紫藤萝瀑布、花儿与少年……园、廊、室及景观相得益彰，闹中取静的优雅环境中蕴含着文化韵味，是师生心灵栖息的港湾。

2022 年 8 月 29 日，黄凤超在日记中写道：

> "芳菲歇去何须恨，'湖天一色'正可人"。今天气温 23 摄氏度，对比 40 摄氏度的酷暑，一场大雨，如天赐甘露；开窗办公，听创业街人来人往，是一件很惬意的事。越了解二初，越觉得它朴实耐看，越是喜欢。这里闹中取静，基础不错，是一所令人有期待的学校，可以做一些事，可努力追寻和创造自然之美、师生之美、口碑之美。我们一起看见美好、永怀希望，让光谷二初成为我们喜欢的样子。

教育为人生，一校一世界，一班一风景，一班一生活，一生一身情。他心中的生态文化校园，一年四季有不同的自然之美，如学生在林荫道上结伴而行的笑脸，樱花路上繁花盛开的浪漫，生态园里的桃红柳绿，竹林里蝉和金丝雀和谐的鸣唱，清香的栀子花、粉红的桃花、雪白的梨花、橙黄的枇杷、红透的李子、硕大的橘子……他认为，绿色的生态校园，能激发师生向上的精神，推动他们自觉行动，这样的生态校园是优质教育必备的条件。

对于生态校园建设的思考与感悟，笔者摘选了他的两篇日记如下。

2023 年 11 月 22 日

小雪过后，校园里的银杏叶才开始慢慢变黄，比往年要来得晚些。满树的金黄，自由飘落的黄叶，让人心静，让人陶醉。又是一年好风景，落花时节又逢君。人间草木，成长也有季节。

2024 年 4 月 26 日

今年春天，校园里花儿争艳、草儿吐绿、果儿挂枝、藤儿攀岩，阳光的少年，忙碌的老师，好一幅教育春意图。进门处的月季特别红，红得鲜艳，让人陶醉，花朵还特别多，一簇簇的，似乎比叶子和枝蔓还多，红肥绿瘦招人喜欢。这种天然美，真是难得。淡淡的花香，吸引过往的师生驻足，感受校园的春天气息。今年的月季开得比往年多、艳，仿佛象征着教育之花开在眼前。"花儿为什么这样红？"去年，园丁师傅特别细致地剪枝、浇水、施肥、松土，打理得特别好，天寒地冻也不懈怠。冬去春来，等呀等，终于长出了嫩绿的枝条，叶子逐渐长大，慢慢地花蕾也多了起来。充足的阳光，充沛的雨水，一夜春风来，千朵万朵月季开，让人心动。这不是正像教育吗？这不是美的校园生活吗？花开在眼前，是风、是阳光、是情感、是教育温暖、是学校未来。成长是一个过程，教育是生活，花开是教育。抓住时节，给予关爱、呵护、关注，精耕细作，工艺到了、时间到了、感情到了，自会有姹紫嫣红的美丽。

第五，学生具有创新思维能力。光谷二初有 56 个社团，还有绽放个性的学生艺术节、体育节、阅读节以及最受学生欢迎的科技节等活动。首届"动教育"科技节，师生展示了 70 多个物理实验，如"会飞的八爪鱼""龙吸水""磁悬浮灯泡""干冰吹泡泡"等，引得千余名学生来围观和体验，走进生活的物理让他们兴趣盎然。

学校构建"1＋N"行动探究课程，"1"课程主要包括物理、化学、生物、信息科技等课程，"N"课程包括无线电定向测试课程、"北斗乐跑"课程、科技节、创客课程、各类科技社团活动等。其中，物理教研组开发的"生动课堂，跨界物理"校本课程，聚焦"生活与科技"主题，培养了学生的科学思维和科学兴趣。学生们走进湖北省科技馆开展"趣玩科技馆，童心绘未来"主题教育活动，实地写生、记录，用画笔描绘科技的神奇，用作品展示科学的魅力，艺术与科技教育得到了有机融合。教师组织引导学生们参与"东湖高新区 2023 年太空种子种植暨师生劳动实践"系列活动，学生在学校劳动基地"众园"劳动，设计种植方案，参与翻土、打洞、播种等劳作，既激发了学生种植的兴趣，又让学生在实践中树立了爱自然、爱科学、爱生命的观念。

第六，拥有一流的教育质量。一所令人心动的学校也要看校长的素养：校长应该是一位总设计师。黄凤超认为，教学质量提升没有捷径可走，课堂要变，质量才会变；常规有变，学校才会变；注重教育细节，尊重教育规律，做到师生认同，才有教育质量的提升。于是，他从培养学生学习兴趣入手，一是对学生进行生涯规划教育，帮助学生找准努力方向，让学生成为学习的主角；二是运用大数据推进课堂教学质量，让"看得见的教育"在课堂真实发生；三是狠抓教研促教学，提升教师教学能力和课堂效率；四是培养学生自学能力、批判思维能力、自我探究能力、学习自信心；五是构建班级文化，形成科学的学习观和发展观，让学生每天因成长而"心动"。光谷二初 2024 年中考普高上线率再上一个新台阶，教育质量走进了武汉市初中第一梯队行列，二初现象再次明朗，二初教育质量得到了社会认可和百姓的赞扬。

人生：写在光阴里的故事

当代文学家沈从文在散文《绿魇》中有这样一段描写："我躺在一个小小山地上，四围是草木蒙茸枝叶交错的绿荫，强烈阳光从枝叶间滤过，洒在我身上和身前一片带白色的枯草间。松树和柏树作成一朵朵墨绿色，在十丈远近河堤边排成长长的行列……"黄凤超说，他的童年生活就像沈从文描写的那样有意境。

他家门前是一条小河，河水很清，长着莲藕，每到春夏，阵阵清香飘来，大家都喜欢来这里淘米洗菜。小河的对岸有一大片桑树林。农民用桑叶养蚕，靠卖蚕茧换一些油盐钱。黄凤超最喜欢的是熟得发紫的桑葚。童年记忆中最美好的事情是夏天约上两个好朋友去钓青蛙，挖一些蚯蚓，拿一条小木棍、一根尼龙线、一个网子，把蚯蚓穿在线上，在水稻田里晃动引诱着，很快就有青蛙吃饵上钩，轻轻一提，另一只手迎上去一抓，青蛙就抓住了。半天能钓几十只。童年时，乡村虽然很穷，但孩子们自由快乐，正是这独特的乡村文化，涵养了他的淳朴和对美好生活的向往。

他上小学时，已进入 20 世纪 80 年代，村办小学简陋落后，但他没有什么不适应。学校没有课桌椅，父亲就用一个高一点的凳子钉上一块木板做成课桌，一个矮一点的凳子当椅子，搬起来也轻松方便。一元五角的学杂费，语文、数学两本课本，一个印有雷锋头像的帆布书包，入学面试只要从 1 数到 100 即可。家里离学校有 5 里路，每天他和同伴们走着上学、回家。冬天下大雪，学校就灵活安排课时，上午多上一节课，上完就放学回家。小学老师都是民办教师，大多是本村人，一边种地一边教书，虽然水平不高，但淳朴虔诚，责任心强，对待学生如对待自己的孩子或者弟弟妹妹，师生关系自然和谐。学校没有专门的体育和音乐老师,都是语、数老师兼带,一学期大概能上一两节体育课、音乐课,基本没有上过美术课。虽然没有规范的体育课程,但乡村传统的各种活动、劳动早已锻炼了他们的体格。例如"撞甲字",即两人架起一条腿互相撞,谁先撞倒对方就视为得胜;还有跳绳、"踢碑"、跳方格等,游戏丰富多样。那时的乡村教育,没有"起跑线",没有补习班,没有家庭作业,孩子们的心灵自由放飞。

转眼上初中了,他是在家乡的黄新场中学就读的。父亲外出打工,农活和家务靠母亲一人操持,黄凤超是家中老大,为了帮助母亲,他一边读书,一边学着砍柴、做饭、洗衣、照顾弟妹,这也培养了他勤奋务实的性格,养成了担当精神。在学习上,他自小聪颖好学,成绩一路领先。读完初二,母亲做了一个重要的决定:把他转到县城的仙桃二中就读。这是他第一次离开父母、离开家乡,他心里有了生涯规划,并用"书山有路勤为径,学海无涯苦作舟"激励自己。进班时,他名列第 24 名,期中考试就进入前十名,初中毕业中考成绩 534.5 分,上升到班级第二名。这时他面临了人生的重要选择:读高中还是师范学校。最后父母认为先"跳出农门"为好,于是他以高出仙桃中学录取分数线 37 分的成绩进入了仙桃师范学校。

仙桃师范学校创办于 1939 年,前身为湖北省立第一师范学校。乡村学校中成长起来的黄凤超,成绩虽然好,但师范教育对他来说却是全然陌生的,普通话、琴棋书画等都是他的盲区。他便用上高中的劲头学师范课程内容,师范学校毕业时,他的普通话、粉笔字、英语、音乐得到了全方位的提升,能弹会唱的歌曲有近千首。一般而言,中等师范学校以培养小学教师为主,而他因成绩优异被直接分配到初中。

黄凤超在家乡这块土地上默默耕耘了 27 年。作为教师,他从教英语、物理起步,后来又教历史、音乐、地理等学科;对于育人,他从班主任到学校德育管理,无一不包,从学生习惯抓起,让育人"接地气",让教育生活贴近学生,把立德树人落到实处,许多学生毕业后还惦记着他。2021 年教师节,他收到了他带的第一届学生的祝福短信,他们中的许多人已经事业有成,与他们聚会时,他即兴弹起一首《中秋之歌》,这是一首当年他在班上教唱过的歌曲,让学生十分感动。黄凤超说,当时十三四岁的他们,如今已过不惑之年,模糊的记忆、光阴的故事,让师生共同感受到教育的美好,每一个光阴里的故事都化作一串音符,走进教育人的生命里。

曾子说"吾日三省吾身",告诫人们要有反省自我的精神。黄凤超每年写两本教育日记,最近又写了三万多字的人生随感。笔者翻阅了他的三本日记,发现他不是只记工作,还写了阅读心得、生活观察、感悟、教育思考、反省……记载着他每天的行与思。什么是教育人生?什么是教育生活?从他的"一日三省"里,我们看到一个校长对教育的虔诚,他的深刻和宽广也镌刻在光阴里。所以,他强调教师要坚持写教育笔记,通过写作获得成长,感悟教育人生的幸福。笔者从他的日记中选择了几篇,从中可窥见其对人生的思考与执着精神。

2023 年 11 月 22 日

这两天读完了雅思贝尔斯的《什么是教育》。这本书描绘了教育在"动态"中的美好,也可看作是对二初"动教育"的别样注解。

2023 年 11 月 23 日

早上巡堂到七(1)班,我放慢了脚步。一个女孩在黑板上写着今天的课程表,一笔一画非常认真,十分投入,我被她的粉笔字深深吸引。她这一笔上好的字,写得比我还要好,令人钦佩。

2023 年 11 月 25 日

我一直想建一个女教师课余时间能放松和休息的地方。学校女教师多,占比达到 75% 以上,她们工作特别辛苦,身体和心理健康应该受到更多关注。

2023 年 11 月 27 日

每天能看见很多笑脸,是一件很开心的事,学校准备建一个"笑脸墙"。有一些成绩不那么出彩的学生,他们更应该受到关爱和得到帮助,身边的老师和同学就是他们的同伴。

2023 年 11 月 28 日

读书声是校园里最好听的声音。早上来到七(7)班,看到关淑婷老师在和学生一起"chant",孩子们很专注,声音既整齐又好听,轻松快乐地背诵着。

2023 年 11 月 30 日

闲暇时间里,我常看到有学生凝望校园的某处风景。昨天放晚学,又看见一个男孩在一楼专注地看墙上的文字,不忍打扰。今天中午,两个男生在中庭水景的背面安静地聆听流水的声音,很专注,在寒风里,附近只有他俩。我走上去问他们为什么,一个学生淡淡地回答:"这个地方适合发呆。"

2024 年 1 月 8 日

周一的升旗仪式,学校对艺术节文艺汇演的优秀组织班级进行了表彰。评价是一种导向,这样重大的活动,要重视学生的期待和成长需求,让他们成为活动中的主角,成为舞台上的主角,这会是孩子们成长中最为宝贵的体验之一。

2024 年 1 月 15 日

正是三九严寒天,梅树却长出来一串串的花蕾,含苞待放。中午经过三果园,惊喜地发现梅花开了,一朵一朵,煞是可爱。果园的大樟树之前已修剪，可以预见，阳光充足的三果园，明年桃、枇杷和梅子的长势会更好。"墙角数枝梅，凌寒独自开。"花开花落是一种自然景象，但对抗了逆境和严寒的梅花，给人一种向上的力量。学生的成长也是如此，面对挫折也要艰难前行，在逆境中成长，应是每一名学生的必修课。

2024 年 1 月 22 日

上午，我收到了一份特殊的礼物：光谷二初"3X 时光成长计划"的第一本书《峡谷里的星光》新鲜出炉了。书名是请夏风老师拟定的，寓意"世界的峡谷、思想的星光"。书的封面用的是八(11)班钱梓玥同学的作品，这本书辑录了"3X 时光成长计划"成员们第一个月的教育日记。文字是一面镜子，记录着我们的人生，凝聚成自己的人生史诗。

2024 年 5 月 6 日

光谷二初管乐团今天成立了！我们迈出了艰难的第一步，也是值得期待的一步。从此，让有兴趣和特长的学生遨游在音乐的海洋里，与大师相伴，与艺术同行，张扬个性，展现自我，在成长路上留下最美好的回忆。

2024 年 5 月 28 日

今天是九年级照毕业照的日子。学生离开教室时，他们与老师放松地交流时，他们和我照合影时……一幕幕，让我感动又怅然。我们没有了课堂上的严肃和拘谨，人人都那么亲切。学生内心亲近你、信任你，视你亦师亦友，是老师的快乐。

……

　　30 多年过去了,在黄凤超的故事里,岁月成就人生之美,时光书写着教育之道、人生之道。季羡林先生说:"时间是毫不留情的,它使人在自己制造的镜子里照见自己的真相。"2024 届学生徐然在作文《秋》中感叹:"秋,总是来得猝不及防。我的记忆还停留在春的新芽和夏的茂盛时,秋已如约而至。我喜欢秋天,并非仅仅爱着它的美,是因为在它的身上,我能找到四季的影子……转身,那个男孩便是我。"黄凤超也从这篇学生作文中得到启示:"这个男孩不也是我么?"穿过 34 年的时光,教育故事里灌注了生命价值,诉说着清澈、虔诚的教育人生之美。

《新班主任·教育名家》记者　方腊全

2024 年 10 月

(原载于《新班主任·教育名家》杂志 2024 年第 10 期)